**Colección Filosofía y Teoría Políticas** 

dirigida por Fabián Ludueña Romandini

La pregunta por el sentido de la política,
su alcance, su tradición y sus posibilidades
ha sido fundamental en las más diversas culturas.
La presente colección busca interrogarse sobre
el fenómeno de lo político atendiendo a
la pluralidad de perspectivas históricas y escuelas
teóricas. En igual medida, la política se encuentra
en asiduo contacto con otros saberes y prácticas
de cuya variedad también se querrá dar cuenta.
En la línea del legado de Hannah Arendt,
se trata de que los libros vayan tejiendo la trama
de investigaciones que, al mismo tiempo,
permita pensar en un nuevo mundo público común
frente a los desafíos crecientes de la política global
en el presente siglo.

Ricardo Laleff Ilieff

Poderes de la abyección. Política y ontología lacaniana I

1ª ed. - Barcelona / Buenos Aires: Miño y Dávila editores - Diciembre 2022.

136 p.; 22,5x14,5 cm.

ISBN: 978-84-18929-83-0
e-ISBN: 978-84-18929-84-7
Depósito legal: M-28469-2022

Edición: Primera. Diciembre 2022
Lugar de edición: Barcelona, España / Buenos Aires, Argentina

ISBN: 978-84-18929-83-0
e-ISBN: 978-84-18929-84-7
Depósito legal: M-28469-2022

THEMA: QD [Philosophy]
BISAC: PHI000000 [Philosophy]
WGS: 520 [Humanities, art, music / Philosophy]

Ilustración de portada: Emilio Pettoruti. *Autorretrato* (1918) Museo Nacional de Bellas Artes
Armado y composición: Laura Bono
Diseño: Gerardo Miño

Página web: www.minoydavila.com

Mail producción: produccion@minoydavila.com
Mail administración: info@minoydavila.com

Dirección postal: Miño y Dávila s.r.l.
Tacuarí 540. Tel. (+54 11) 4331-1565
(C1071AAL), Buenos Aires.

Ricardo Laleff Ilieff

Poderes
de la abyección

Política y ontología
lacaniana I

MIÑO y DÁVILA
EDITORES

A Mandela Muniagurria, por su amor,
por su apoyo y compañía;
por nuestras charlas y lecturas;
por lo interminable de esta enumeración.

Índice

Agradecimientos

Durante los meses de septiembre y octubre de 2019, junto a Miguel Ángel Rossi dictamos un seminario de posgrado en la Facultad de Ciencias Sociales de la Universidad de Buenos Aires (UBA) intitulado "La violencia y lo real de la política. Un recorrido contemporáneo". Movilizados por el deseo de pensar la naturaleza del vínculo entre teoría política y psicoanálisis, cada uno de nosotros presentó sus respectivas líneas de pesquisa. En mi caso, me concentré en retomar algunas discusiones propias del campo de "lo político". Lo hice a partir de un matiz que implicaba remitirse menos a su autonomía que a su ontología, temática esta que ha sido el núcleo de mis preocupaciones como investigador del Consejo Nacional de Investigaciones Científicas y Técnicas (CONICET) y del Instituto de Investigaciones Gino Germani de la UBA durante los últimos años. Podría decirse que este volumen, que comenzó a adoptar su aspecto definitivo en el verano de 2020, es una continuación de aquellas experiencias; experiencias que expresan un recorrido efectuado, pero, por sobre todo, un horizonte que pretendo seguir explorando. Quisiera agradecer, por tanto, a quienes contribuyeron, de una u otra forma, a que las mismas se transformaran en libro.

A Miguel, pues entre otras tantas cosas que nutren nuestra amistad, me introdujo tiempo atrás –y quizás sin proponérselo del todo– en el pensamiento de Jacques Lacan. A las y los cursantes del seminario impartido, quienes asistieron y participaron de cada una de las sesiones con preguntas y cuestionamientos que fueron importantes para mis hipótesis. A Elías Palti, por sus sutiles señalamientos sobre el concepto de lo real y a Sebastián Barros por mostrarme la potencia de la obra de Pierre Clastres. A Fernando Beresñak, Eugenia Mattei y Germán Soprano, que me proveyeron de agudos comentarios a una primera versión del manuscrito. A Fabián Ludueña Romandini, que ha tenido la generosidad de alojarme en la colección que dirige y prologar con cálidas e incisivas palabras a las mías. A Mandela, mi compañera, con quien comparto la vida, sus proyecciones y preocupaciones (que son también teóricas); y a mi hija Zoe, por su alegría cotidiana.

Finalmente al CONICET, institución pública que me ha permitido costear la publicación con los fondos del proyecto PIP "Afectos, cuerpo y manipulación. Aproximaciones desde la teoría política a los procesos contemporáneos de subjetivación" (11220200100169CO), en el que oficio como director y en el que comparto tareas junto a generosos y generosas colegas.

Prólogo

Experimentum realis

por Fabián Ludueña Romandini

La teoría política declina sus nombres a partir de sustantivos que denotan una plenitud: Estado, soberanía, ley, guerra, territorio, emancipación. La lista, desde luego, permanece abierta hasta llegar a su punto de fuga. Esta claridad conceptual que ha dado su fuerza a la teoría y a la política es puesta en entredicho por el brillante libro de Ricardo Laleff Ilieff que produce una alquimia inesperada. Su procedimiento es de una potencia incalculable: destila psicoanálisis a partir de las refulgentes aguas de la ontología política en tanto heredera rebelde y contradictora de la metafísica de la presencia.

Una operación de semejante magnitud se realiza bajo el signo de un nombre disolvente: Jacques Lacan el cual no es erigido en nuevo maestro de la política sino en el agente de pensamiento que permite conmover las seguridades, señalar los límites, hacer evidentes las aporías, brindar pistas sobre aquello que no permite la totalización de la verdad bajo la figura de lo Unívoco. El vector que permite todo el recorrido, podríamos señalar, es la noción de lo abyecto que, en última instancia, deshace toda certeza que pueda tenerse en los conceptos de la teoría política en tanto saber de lo conceptualmente cerrado.

Ciertamente la abyección no opera en los "márgenes de lo social" sino que, al contrario, se constituye como lo que devela el "fracaso de toda identidad"[1]. De allí que, en ese sentido, la abyección sea una categoría que puede reclamarse de inspiración lacaniana sin provenir del corpus mismo del psicoanalista francés pero que establece puentes innegables con lo "ominoso (*unheimlich*)" freudiano y sus relecturas entre las que cabe destacar la pregnancia de Julia Kristeva, Judith Butler, Jacques-Alain Miller o Ernesto Laclau.

La abyección, en este punto, permite pensar lo real de la política. La formulación podría parecer aporética si consideramos que lo real es lo imposible. Pero, precisamente, decir lo imposible por medio del medio-decir es la maestría lacaniana de la que este libro es heredero. La figura conceptual de la abyección toma forma en tres encarnaciones: el sacrificio, la guerra y el Uno que, desde la perspectiva que nos ofrece el autor, son el eje central de la teoría política contemporánea.

La ambición teórica de un libro se puede sopesar por la talla de los pensadores con quienes se mide en el diálogo: en este caso, Laleff Ilieff, uno de los más perspicuos pensadores de lo político de la joven generación, encauza un debate con nombres de la talla de Walter Benjamin, Carl Schmitt, René Girard, Pierre Clastres, Giorgio Agamben o Jacques Rancière. La apuesta es tan alta como auspicioso el resultado pues obtenemos, a la vez, lecturas esclarecedoras e inesperadas sobre estos pensadores insoslayables cuanto logramos, en el mismo gesto, profundizar sobre la paciente y firme construcción de la categoría de lo abyecto como concepto político-ontológico articulador de una nueva propuesta de comprensión de la política.

Uno de los grandes méritos que presenta el libro de nuestro autor es que, allí donde la opinión mayoritaria encuentra la política, Laleff Ilieff sabe detectar la presencia de lo impolítico. Así, por ejemplo, la "violencia pura" de Benjamin puede ser decodificada, a diferencia de lo que suele ocurrir, no como ápice de la política en tanto revuelta sino, al contrario, como una renuncia a pensar lo político. Mutatis mutandis, Laleff Ilieff no pretende que lo real sea un registro que se pierda ni en lo pre-simbólico (Kristeva) ni como un avatar de lo simbólico (Butler). La con-

---

1. Cf. Infra, p. 16 (en este libro).

secuencia, entonces, se impone: es posible pensar lo real en la política en su legítima potencia como quiebre de la significación y como aparición de lo fallido. Por estas razones, lo abyecto se presta, de manera especialmente adecuada, para la demostración de semejantes premisas.

Podemos tomar al sacrificio como un ejemplo para interrogar los propósitos del libro. Una de las más antiguas cofradías sacerdotales de Roma, los hermanos arvales, nos ofrecen el testimonio invaluable de un sacrificio votivo: el mismo es dirigido hacia los "dioses inmortales" que no son sino el gran Otro del mitologema fundacional de Roma. Los sacerdotes, según el preciso relato ritual, inmolan "un bovino macho a Júpiter" y "un bovino hembra" a Juno, Minerva y al pueblo romano. Los votos son entonces pronunciados con parsimoniosa pulcritud y el bienestar del cuerpo político de la República es asegurado en la consagración[2].

Si utilizamos las categorías de Laleff Ilieff, los bovinos sacrificados ocupan el lugar de la abyección que, desde entonces, persigue las conciencias políticas del mundo global en una maquinaria de muerte que no ha hecho más que expandirse, gracias a la biopolítica, en un sacrificio de masas. Sobre todo, en el mundo moderno, donde el Otro divino está herido de muerte y el simbolismo del pueblo que suturaba el sacrificio es puesto en entredicho. De allí que la pregunta se torne crucial: ¿cómo desactivar el sacrificio sin deponer la soberanía bajo los ropajes de un decisionismo apolítico? Una pista la proporciona, precisamente, lo real en cuanto actúa como orientación de su propia estructura de agujero.

Por ello surge la pregunta simétrica: si la guerra es otro paradigma constitutivo de la presencia de lo abyecto en la política y esta última es impensable sin esas esquirlas de lo real, ¿resulta posible la utopía de una sociedad sin guerra? De hecho, las reflexiones sobre la guerra del Estado, el partisano de Schmitt o la guerra contra el Estado de Clastres parecen, todas ellas, presentarse como formulaciones alternativas de una idea lacaniana que no puede sino interpelarnos de modo directo: ¿qué ocurriría

---

2. Scheid, John. *Commentarii fratrum Arvalium qui supersunt. Les copies epigraphiques des protocoles annuels de la Confrerie Arvale (21 av.-304 ap. J.-C.)*. Roma: École française de Rome, 1998, n° 55, 1. 1-50.

si, en efecto, la propiedad misma del habla fuera la condición de imposibilidad de la armonía social? En otros términos, ¿qué salida nos queda si la guerra fuera la consecuencia del carácter hablante de los seres humanos escindidos por el inconsciente el cual impide la armonía en el mundo?[3].

Un camino posible es aceptar la tragicidad del Uno fracturado que permea y tiñe todo lazo social. En este punto, se podría decir que la paz es un registro del imaginario y que lo real siempre estará allí para amenazar una unidad que, por definición, es fragmentaria. Ahora bien, podemos correr el albur de sostener que quizá no traicionamos los propósitos de nuestro fecundo pensador argentino si confiamos precisamente en aquello que el libro busca, en todo momento y en los resquicios más recónditos de su escritura: la política. Sin embargo, si esta última habrá de cumplir un papel emancipador y propiciar posibilidades no sacrificiales será, precisamente, cuando logre asumirse no a partir de su carácter de plenitud defendido por la metafísica de la presencia sino, al contrario, cuando tenga el coraje de hacer suya la hiancia ontológica que la marca de manera posfundacional.

En ese sentido, en la nueva meditación política que se abre en el presente libro, el lema de "sólo hay Uno" promete señalar el sendero que conduzca a la unidad y lo común como "el problema crucial de lo político"[4]. La invitación está abierta para un nuevo proyecto que, aunando de un modo del todo inesperado la ontología y la política, tiene hoy un comienzo ineludible en el panorama de una novedosa teoría llamada a sacudir todas las convicciones adquiridas.

---

3. Lacan, J. "Télévision", in: *Id. Autres Écrits.* Paris: Éditions du Seuil, 2001, p. 524.
4. Cf. Infra, p. 123 (en este libro).

Introducción

oncebir a lo real como lo imposible no impugna la tentativa de hacer de lo imposible el objeto de ciertas cavilaciones. Una y otra vez no hacemos más que pronunciarnos sobre lo que desafía la capacidad de las palabras. O, para ser más exactos, al pronunciarnos sobre algo estamos siempre siendo atravesados por la imposibilidad. De hecho, como diría Jacques Lacan, la verdad se expresa a medio-decir; todo decir se ve desbordado, se figura insuficiente; es siempre ya algo imposible[1]. Por ello mismo no se puede renunciar a atender al estatuto de lo real, que no es más que manifestación de un trozo de la existencia. Lo real nunca es lo absoluto, lo que trasciende a toda inscripción simbólica y la funda desde afuera; tampoco es una mera limitación, puro *tyché.* Se podría decir que entre la visión de un acontecimiento limpio y de una simbolización plena, la noción de real indica la importancia de precisar la ontología que opera detrás de ciertos discursos políticos.

Mi intención en el presente libro consiste en pensar lo real en política. Para ello me valdré de una categoría como la de abyección. Intentaré analizar cómo aparece algo donde nada debe aparecer interrogando no solo los presupuestos y los límites de la

---

1. "Asimismo es muy claro que no hablo de todo. Y, además, en lo que enuncio algo se resiste a que se hable de todo. Es algo que se palpa a diario. Que yo no diga todo incluso sobre lo que enuncio es otro asunto, como señalé, que obedece a que la verdad no es más que medio-decir" (Lacan, 2009: 12).

vida en comunidad, sino también los avatares que concierne a su estructuración. Lo abyecto, entonces, será comprendido como una expresión perturbadora que se ubica –sin obturarla y sin negarla, más bien aludiéndola– en la hiancia de la existencia. De ese modo, transitaré por ciertos ejes conceptuales que remitirán a la dimensión instituyente y a las articulaciones siempre contingentes que se suceden, una y otra vez, en la vida social en vistas a pensar en qué consiste la inestabilidad de un espacio de representación. Argumentaré que la abyección es algo más que una temática contigua a las variaciones, rectificaciones y modulaciones que todo orden ensaya en su búsqueda –siempre dinámica– por capturar lo que emerge y por aprehender aquello que puede trastocarlo al expresar la imposibilidad de una estabilización definitiva. Lo abyecto, en suma, no será juzgado como una expresión que opera en los márgenes de lo social, o como aquello que proviene desde la inversión, o desde la noticia de un otro excluido; será figurado como el punto donde se devela el fracaso de toda identidad, el sin-sentido que habilita a lo político. Esto indicará que toda aprehensión completa por parte de lo simbólico es, desde el inicio, imposible –siempre habrá algo que permanecerá inasimilable, como un resto y no como un desecho de la significación[2]– sugiriendo, por tanto, que el despliegue de la política se produce desde una oquedad inerradicable. Tomaré algunas figuras que atraviesan a ciertos discursos contemporáneos para dar cuenta de ello y, si se quiere, como una suerte de efecto inherente a ese mismo movimiento, avizoraré cierta dimensión real de la teoría, metafórica, inconceptualizable (Blumenberg, 1995)[3], pues no hay discurso que no sea del semblante (Lacan, 2009).

---

2. Como diría Lacan, "el resto es, en el destino humano, fecundo. La escoria es el resto extinguido" (1997: 141). Desde un registro de indagación distinto al que aquí ofrecemos, Eduardo Rinesi (2019) recuperó tales categorías para pensar el estatuto de lo residual en política.

3. La brecha teórica que permite informar lo real en lo político cuenta con un campo histórico que la posibilita. Palti (2018) lo tematiza muy bien en su preciso trabajo de reconstrucción histórico-conceptual. Si bien el enfoque que se adopta aquí es distinto al de dicho autor, es indudable que se toma como marco de referencia mucho de lo que sostiene en sus escritos y se comparten, también, muchas de sus conclusiones.

Ahora bien, si para ello apelo al decir de Lacan es porque considero que su obra permite comprender tales aristas. De hecho, a lo largo de su enseñanza, Lacan dio cuenta de que el anudamiento entre los registros de lo real, lo simbólico y lo imaginario inviste de soporte a una realidad cuyo vacío no puede ser llenado, solo recubierto precariamente; de allí que no haya realidad sin el entrelazamiento de los cordeles. En este sentido, "lo real del nudo es la imposibilidad de deshacer uno de sus redondeles sin dispersarlo como nudo" y es, también, "la imposibilidad de recorrer alguno de los redondeles sin encontrarse, en el camino, con alguna parte de los otros" (Milner, 1999: 194).

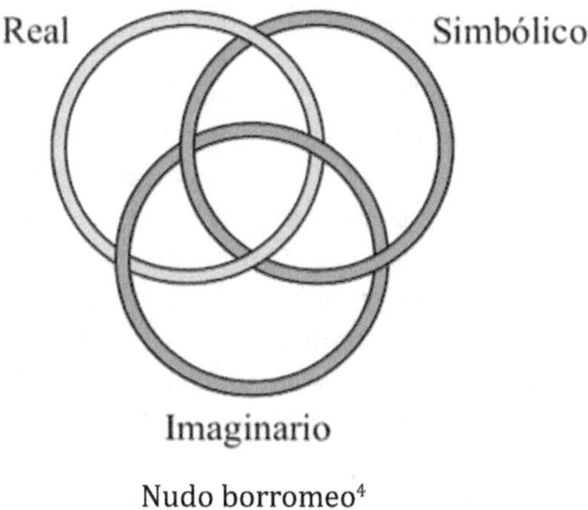

Nudo borromeo[4]

---

4. En vistas de brindar cierta orientación se podría decir –no sin bordear la simplificación– que el entendimiento de lo real como lo imposible implica concebir a lo simbólico desde el registro del significante, desde el accionar de la estructura, desde la conformación de un orden que no es sin sus fallas y a lo imaginario como un registro que apela a la imagen [*Imago*], a aquellas percepciones y representaciones que separan y que unen, que dividen y suturan un campo de representación. Como veremos, este soporte imaginario resulta crucial para pensar la abyección. Recuérdese que en su seminario sobre la angustia, Lacan (2007) entendió que el proceso de formación del sujeto conlleva la producción de un resto inasimilable –el objeto *a*–, es decir un real que no puede ser absorbido por la simbolización –algo radicalmente heterogéneo, como diría Ernesto Laclau (2015)–, que funciona como causa de deseo o plus de goce. El objeto *a* se ubica, precisamente, en el centro del anudamiento, esto es, en el lugar de la falta. Tal como se verá más adelante, lo abyecto se vincula con el semblante, se desliza ya no contra la norma, sino

Dicho esto es evidente que mi motivación se inscribe en la tradición de la teoría política, mientras que mi punto de partida no es otro que las coordenadas ontológicas propugnadas por el psicoanálisis lacaniano. Soy consciente que un ejercicio como este, que apela a los cruces disciplinares, debe ser ejecutado con ciertos recaudos. Aunque no se trate de una empresa pionera, movilizar política y psicoanálisis amerita explicitar siempre las premisas que circunscriban adecuadamente la reflexión propuesta. Lo primero que es menester señalar al respecto es que este no es un ensayo a favor de alguna suerte de complementación. Para ser bien claros, entre política y psicoanálisis "no hay relación sexual" (Lacan, 1997); entre política y psicoanálisis opera una lógica de *reverso* que entiende de especificidades, de dinámicas muchas veces contradictorias, donde se destaca la complejidad de los entramados de sentido[5].

Nadie desconoce, de hecho, que la política opera en el terreno de las identificaciones, mientras que el psicoanálisis, en su recorrido por las tribulaciones del deseo, tiende a efectuar su revisión cuestionando los imperativos externos, poniendo de relieve los significantes que hacen época y producen malestar y que cifran a los sujetos, inevitablemente, a su tiempo. Por ello es que propongo hacer un uso controlado de lo que aparece cuando ambas lógicas se agitan. Remarco que pensar lo político apelando a ciertos conceptos de la tradición iniciada por Sigmund Freud y continuada por Lacan permitirá atender eso que muchas veces se figura como un mero rumor, eso cuya aparición indistinguible discute las asignaciones de toda definición. Ese susurro –que no es lo real, pero lo expresa como debilidad de la voz que se impone– se lo juzgará como eco de la falta y, por tanto, como un rasgo que permite dudar del campo mismo de lo político. En este sentido es que mi atención se dirigirá hacia aquel terreno que

---

como expresión del carácter a-normal de toda norma (Arenas, 2010). Para mayores precisiones sobre la introducción del nudo borromeo en la obra de Lacan, ver: Roudinesco (1994). Acerca de su importancia y su uso para pensar la política actual, consultar: Alemán (2012) y Farrán (2009; 2018).

5. No casualmente, el cruce entre ciencias sociales y psicoanálisis –como ya se ha demostrado en la propia biografía de Lacan– resulta sumamente productivo. Sobre el particular: Zafiropoulos (2015). También se recomienda el trabajo de David Pavón-Cuéllar (2014).

supo advertir Ernesto Laclau al pensar la materia misma sobre la que se montaban sus propias investigaciones:

> La tarea crucial es pensar las especificidades de las formaciones discursivas de manera que la interacción entre las diversas instancias y registros pierda su carácter puramente casual y externo, y se vuelva constitutiva de las instancias mismas. Esto claramente requiere una nueva ontología. Veo la revolución psicoanalítica como una inmensa ampliación del campo de la objetividad, que trae a consideración clases de relaciones entre entidades que no se pueden expresar mediante el arsenal conceptual de la ontología clásica. Creo que nuestra principal tarea intelectual es repensar la filosofía a la luz de este proyecto. (Laclau, 2008: 376).

Pero a diferencia de la labor laclausiana –dirigida a precisar la dinámica de forjamiento de las identidades colectivas con sus desplazamientos discursivos, sus sobredeterminaciones y equivalencias–, la mía aquí será mucho más modesta y acotada: intentará explicitar ciertos elementos que operan en la base misma de lo social; a pensar, en suma, una perspectiva ontológica de lo político, de raigambre lacaniana, que bien puede ser considerada "negativa" (Stavrakakis, 2010) dado que se nutre de la carencia de un sustrato de verdad[6] y de las imposibilidades de toda decisión.

Al procurar analizar la hiancia de la vida social a través de lo abyecto se verán las tentativas por obturarla, por administrarla politizando y despolitizando instancias[7]. Se podrá notar, así, el carácter real de todo orden simbólico y su capacidad por dotar de identidad al espacio de representación e, incluso, se podrá también considerar que toda identidad tiene como soporte una dimensión imaginaria que posibilita el anudamiento mismo de lo simbólico con lo real[8]. Lo que quiero remarcar, entonces, es que lo abyecto indica cómo toda definición o frontera guarda un sinsentido; de allí su dimensión metafórica en tanto la metáfora alude a otra cosa que no es dicha o que no puede ser dicha.

---

6. Sobre esta cuestión, ver la revisión de Emmanuel Biset (2014).
7. Al respecto, ver Laleff Ilieff (2020).
8. Sigo así la indicación que Lacan efectuara en su seminario inédito *RSI* (1974-1975).

La noción de "extimidad" será fundamental para entender lo abyecto. Este neologismo utilizado solo una vez por Lacan en su seminario *La ética del psicoanálisis* [1958] exhibe cómo lo simbólico carece de garantías. Miller (2010) ha sido quien mejor lo analizó indicando cómo "se construye" sobre el término "*intimidad*"[9]. Lo éxtimo no puede ser concebido como "su contrario" dado que "es precisamente lo íntimo, incluso lo más íntimo". El problema que así refiere Miller remite a que si "lo más íntimo está en el exterior" y "se figura como un cuerpo extraño" (2010: 14), los imperativos simbólicos no son pura distancia o imposición, sino un ejemplo de articulación. Dicho de otro modo, si "lo éxtimo es lo que está más próximo, lo más interior, sin dejar de ser exterior" (2010: 13), las fronteras nunca son estables o rígidas, la identidad estará atravesada por un límite y una oquedad.

Probablemente la extimidad sea más fácil de entender siguiendo el ejemplo que el propio Miller ofrece a partir de la expresión agustiniana que referencia a Dios como "*interior intimo meo*", es decir, "*más interior que lo más íntimo mío*" (2010: 17). Este lugar que el obispo de Hipona le asignó al Creador es, en el campo del psicoanálisis lacaniano, el lugar del Otro, el lugar del "tesoro del significante" (Lacan, 2008c: 766), aquello que aparece afuera, pero está también dentro: "¿cuál es pues ese otro con el cual estoy más ligado que conmigo mismo, puesto que en el seno más asentido de mi identidad conmigo mismo es él quien me agita?" (2008b: 491).

En suma, la extimidad da cuenta del modo en que toda ley se introyecta al mismo tiempo que pone de relieve su debilidad intrínseca debido a la carencia de sustancia. De hecho, el gran Otro se encuentra agujereado: no hay Otro del Otro. En todo caso, lo que posibilita su dimensión ordenadora es lo que Lacan llamó "Nombre-del-Padre", es decir, una metáfora primordial que funciona como *punto de almohadillado* entre significante y significado (Zafiropoulos, 2015). Pero, como se verá a lo largo de este escrito, se trata de un papel tan necesario como imposible. Esta falta, desde ya, también aparece en el propio sujeto, pues para

---

9. Todas las itálicas consignadas en las citas responderán siempre a las ediciones de referencia.

que el cachorro humano se convierta realmente en sujeto deberá entregar una "libra de carne" (Lacan, 2014: 361) a la significación, es decir, deberá inscribirse en el "registro del sacrificio" (Miller, 2010: 22). Habitar ese malestar que plantea la cultura, y que magistralmente describió Freud (1992a), es lo que se denomina castración simbólica, la imposibilidad del todo. Precisamente, la abyección se conecta con esta arista estructural que atraviesa a la política y recupera la idea de que hay "un hiato en el seno de la identidad consigo mismo" (Miller, 2010: 26); un hiato que va más allá de la figura de un "exterior constitutivo" (Laclau, 2015) o de un otro a partir del cual es posible el reconocimiento. Lo abyecto –reitero– tampoco es eso que simplemente aparece desplazado por el orden social; es lo que deber ser desplazado porque alude al vacío de toda decisión.

Para que el sentido que le otorgo a esta categoría quede más claro, comenzaré mi escrito proponiendo un breve recorrido que informa cierto derrotero, aunque sin ofrecer una genealogía. Me limitaré a indicar la conexión de la abyección con las formulaciones de Freud sobre lo ominoso y con la lectura que Lacan hace al respecto para luego remitirme al tratamiento explícito otorgado por Georges Bataille y Judith Butler y, especialmente, a los puntos centrales que Julia Kristeva recuperó en *Pouvoirs de l'horreur. Essai sur l'abjection* [1980] –libro editado en castellano bajo el título *Poderes de la perversión*–. De hecho, tomaré como un antecedente de suma valía el movimiento teórico con el cual la pensadora búlgara dio cuenta de lo abyecto en términos de un real que opera desde dentro y no solo desde fuera de lo simbólico; de allí que anteriormente enfatizara aquí la dimensión éxtima de toda identidad. Tras ello, empero, expresaré una distancia, una suerte de distinción, que busca reforzar la importancia de una ontología de lo político que se valga del anudamiento de los tres registros sin otorgarle primacía a uno sobre otro. Para ser más claro, señalaré ciertas derivas políticas problemáticas de ciertos modos de comprender a lo real.

En el segundo capítulo me orientaré en un sentido análogo al ocuparme del célebre trabajo de Walter Benjamin intitulado *Para una crítica de la violencia* [1921]. Leeré las aseveraciones expresadas por este heterodoxo pensador como una forma de negar lo simbólico. Sostendré que al menos en dicho texto, Benjamin renuncia a pensar lo político en tanto tal debido a la formulación ya no de un estadio pre-simbólico –como acaso puede leerse en la obra de Kristeva– o de un elemento subsumido *en* lo simbólico –como puede encontrarse en el decir de Butler–, sino de un puro real que anula a lo simbólico. Las tres partes subsiguientes del volumen darán lugar a un análisis sobre la abyección que repondrá determinadas figuras o metáforas que la explicitan. Elegí concentrarme particularmente en tres de ella –la del sacrificio, la de la guerra y la del Uno– sabiendo que lejos estaré así de agotar la temática que me ocupa como de abarcar otras aristas interesantes que iluminan las tribulaciones de la soberanía, del Estado y del orden comunitario en la Modernidad[10]. Este gesto que implica un límite me remitirá a autores de la talla de René Girard, Giorgio Agamben, Carl Schmitt, Pierre Clastres y Jacques Rancière proveyéndome un inestimable plafón para expresar *algo* sobre lo real en política.

---

10. Se recomienda consultar la interesante compilación a cargo de Armando Villegas, Natalia Talavera y Roberto Monroy (2017) destinada a pensar formas específicas de exclusión política.

— PRIMERA PARTE —

Acerca de lo real en lo simbólico

Capítulo 1
Lo ominoso

En un pequeño escrito de 1919 intitulado "Lo ominoso" [*Das Unheimliche*] –que en castellano también se tradujo como "Lo siniestro" (Freud, 2013)– se encuentra un aspecto fundamental para elucidar aquello que se cifra en la noción de abyección.

Su autor, Freud, habla allí de un componente que opera en algunas expresiones de la angustia. Señala que se trata de algo vinculado a lo abominable o lo despreciable que aparece como amenaza y que, sin embargo, remite al orden de lo íntimo. Para precisar mejor esta cuestión, desde las primeras líneas de su texto, Freud busca dejar bien claro el campo de su indagación. Aclara que no pretende avanzar en los dominios de la estética –disciplina a la que poco parece preocuparle lo "repulsivo" y lo "penoso" debido a su inclaudicable predilección por "lo bello, grandioso, atractivo" (1992b: 219)[11]–, como tampoco dirigirse a una cuestión ética. Aduce que su objetivo es puramente clínico y que para ello estudiará o bien "el significado que el desarrollo de la lengua sedimentó" en esta palabra o bien agrupará "todo aquello que en personas y cosas, impresiones sensoriales, vivencias y situaciones, despierta en nosotros el sentimiento de lo ominoso", lo que según su parecer permitirá dilucidar su "carácter escondido" a partir de "algo común a todos los casos". Sin embargo concluye destacando que "ambos caminos llevan al mismo resultado: lo

---

11. Eugenia Trías (2006) ha revisado lo ominoso vinculado a lo sublime.

ominoso es aquella variedad de lo terrorífico que se remonta a lo consabido de antiguo, a lo familiar desde hace largo tiempo" (1992b: 220).

Para justificar tal apreciación, Freud comienza adentrándose en un análisis filológico que le ocupa algunas pocas páginas. Advierte que

la palabra alemana «*unheimlich*» es, evidentemente, lo opuesto de «*heimlich*» {«íntimo»}, «*heimisch*» {«doméstico»}, «*vertraut*» {«familiar»}; y puede inferirse que es algo terrorífico justamente porque no es consabido {«*bekannt*»} ni familiar.

Admite, empero, que "no todo lo nuevo y no familiar es terrorífico"; "a lo nuevo y no familiar tiene que agregarse algo que lo vuelva ominoso" (1992b: 220). Esto, según su óptica, no supo comprenderlo Ernst Jentsch, cuyas investigaciones inscriptas en la psiquiatría no fueron "más allá" de advertir este "nexo" de lo ominoso con "lo novedoso" (1992b: 221). Finalmente, tras hacer un repaso por distintas lenguas –como el latín, el griego, el inglés, el francés y el español–, vuelve al idioma alemán para observar que la "palabrita *heimlich*, entre los múltiples matices de su significado, muestra también uno en que coincide con su opuesto *unheimlich*", por lo que "lo *heimlich* deviene *unheimlich*" (1992b: 224). En esa línea destaca que Friedrich Schelling fue quien enunció "algo enteramente nuevo e imprevisto", algo que "nos dice que *unheimlich* es todo lo que estando destinado a permanecer en secreto, en lo oculto, ha salido a la luz" (1992b: 225)[12]. Freud refrenda la apreciación de este filósofo romántico apelando a los diccionarios de los hermanos Grimm, en donde precisamente el término *unheimlich* aparece como una "variedad" (1992b: 226) de *heimlich*. Sobre esta ambivalencia indaga poco después recuperando algunos relatos y cuentos. Se vale principalmente de "El Hombre de la Arena" del también autor romántico E. T. A. Hoffmann –a quien juzga como el "maestro inigualado de lo ominoso en la creación literaria" (1992b: 231)– para afirmar que lo *unheimlich* remite a las vivencias angustiantes de sus protagonistas a partir de un elemento considerado terrorífico pasible a retro-

---

12. Sobre la noción en Schelling, ver: Ana Carrasco Conde (2017; 2019).

traerse a alguna experiencia infantil. Así, se exhibe en el miedo a la mutilación de un órgano, en la figuración de un doble que atormenta la identidad –como en el citado cuento "El Hombre de la Arena"– y en otras fantasías espeluznantes que ocupan, según el padre del psicoanálisis, un "grandioso papel" en la "vida anímica" (1992b: 231) de los neuróticos; y ello debido a "la angustia del complejo infantil de castración" (1992b: 233) y a un "permanente retorno de lo igual" (1992b: 234), que bien podría deberse a instancias críticas del yo que se inscriben en etapas iniciales del narcisismo. En consecuencia, la singularidad de los casos en los que se manifiesta lo ominoso reafirma, según Freud, su valor en los procesos estructurales que dan vida a la psiquis de los sujetos.

Así, el pensador vienés muestra que lo ominoso amenaza la identidad, la desestabiliza; se figura como externo a ella cuando, en verdad, la constituye desde su propio interior. Por ello Milner expresa que "el *unheimlich* no es lo inverso de lo familiar, sino lo familiar parasitado" (1996: 69), ya que existe una frontera entre lo íntimo y lo extranjero, entre el yo y su mundo circundante que, lejos de ser infranqueable, muestra lo lábil de toda determinación –lo que conduce nuevamente a la extimidad–[13]. Pero el asunto es que lo ominoso freudiano sugiere también cierta idea de retorno. En este punto, la perspectiva del padre del psicoanálisis se amolda perfectamente bien a la definición de Lacan que entiende a lo real como aquello que "vuelve siempre al mismo lugar" (2015a: 531). Sin embargo, de esta acepción sobre lo real se pueden generar derivas intrincadas. La cuestión crucial consiste en discernir si ese retorno de lo ominoso remite a un estadio pre-simbólico. Si es efectivamente así, lo real desplazado por la represión logra finalmente realizar su "destino". Por consiguiente, es menester ahondar en la lectura que Lacan efectuó de este texto freudiano

---

13. Mark Fisher (2021) ha distinguido a lo "raro" de lo "espeluznante" al señalar que lo *unheimlich* no puede capturar experiencias estéticas marcadas por la sensación de un error que proviene del exterior. Al asociar lo abyecto con lo éxtimo, mi perspectiva teórico-política discute, precisamente, con barreras simbólicas como las que Fisher procura cimentar. Sigo aquí a Kristeva quien, de manera muy precisa, señaló algo fundamental para la política: "Cosa rara, no se trata para nada de los extranjeros en el *Unheimliche*" (Kristeva, 1996: 366).

de 1919 para entender de otro modo a lo real y, así, comprender en qué medida es posible cifrar algo de lo real en política[14].

En su seminario de los años 1962-1963, Lacan asocia lo *unheimlich* a la figura del gran Otro. Recalca que "nunca" ha "oído comentar, y a propósito del cual nadie parece haberse percatado siquiera de que es el eslabón indispensable para abordar la cuestión de la angustia" (2007: 52). Por ello Lacan entiende que "lo *unheimlich* es lo que surge en el lugar donde debería estar el menos-*phi*", pues "de donde todo parte, en efecto, es de la castración imaginaria, porque no hay imagen de la falta y con razón". De modo que "cuando algo surge ahí, lo que ocurre" es que "la falta viene a faltar" (2007: 52). En consecuencia, Lacan conecta lo ominoso freudiano con sus desarrollos sobre la dimensión especular del estadio del espejo; desarrollos que, como bien se sabe, indican el soporte que brinda el Otro en el devenir del sujeto.

En ese marco, observa que "el hombre encuentra su casa en un punto situado en el Otro, más allá de la imagen de la que estamos hechos" (Lacan, 2007: 58). Lo ominoso vendría entonces a revelar la falta y su desplazamiento del campo identitario, puesto que su lugar es el lugar de un resto imposible que atenta contra la unidad de la imagen. Esto no deja de exhibir una paradoja: allí donde nada debe aparecer algo emerge y acecha la integridad del sujeto. Esa imagen indica que algo viene a faltar, y que eso que viene a faltar no es más que la falta de la imagen que el Otro genera. De allí que Lacan señale que la angustia se presenta en ese mismo lugar y que está vinculada al objeto, al pequeño objeto *a*, que es, por definición, imposible de simbolizar; de allí, en suma, que no se trate de la angustia de una pérdida, sino de la angustia por la falta estructural.

Esta lectura lacaniana de "la correcta aprehensión del *Unheimliche*" freudiano "entraña la redefinición de la castración"

---

14. Aludo así a una diferencia fundamental entre Freud y Lacan. Ofrezco, para hacerla más evidente, transcribir aquí las palabras clarificadoras de Eleb: "si Freud establece una analogía entre la arqueología y el inconsciente, el destino del sujeto está vinculado a ese inconsciente arqueológico. El inconsciente freudiano está al interior del sujeto y aspira a ser consciente. El inconsciente lacaniano es externo al sujeto, está en la relación de éste con el Otro: 'El inconsciente es el discurso del Otro'. Ese discurso del Otro que se trata de realizar está 'afuera'" (2007: 17).

(Rabinovich, 2013: 84): el Otro es sin garantías, el Otro no puede responder por esa imagen. No en vano Lacan entendió esta problemática vinculada al deseo. Por tales razones, mostró cuál es el rol del fantasma, el cual viene a taponar, precisamente, la hiancia:

> En este punto *Heim* no se manifiesta simplemente lo que ustedes saben desde siempre, que el deseo se revela como deseo del Otro, aquí deseo *en* el Otro, sino también que mi deseo, diría yo, entra en el antro donde es esperado desde toda la eternidad bajo la forma del objeto que soy, en tanto que él me exilia de mi subjetividad, resolviendo por sí mismo todos los significantes a los que ésta se vincula. (Lacan, 2007: 57).

Esta lectura lacaniana sobre lo ominoso freudiano revela la falta misma de lo simbólico, la carencia que no es de objeto, sino del propio ser. Siguiendo esta premisa entenderé a lo abyecto menos como el nombre de esa falta que como el nombre imposible que busca taponar esa falta; la imagen ominosa de una identidad que se encuentra intrínsecamente dislocada, sin aceptar lo fallido de toda norma, su incapacidad. Asociaré, ahora, esta resignificación crucial de lo *Unheimliche* con el término abyección. No quiero efectuar ahora una genealogía, solo marcar los puntos fundamentales que permiten explicitar ciertos problemas teórico-políticos. Comenzaré, para ello, con un ensayo de Georges Bataille intitulado "La abyección y las formas miserables" [1934], donde el filósofo francés da cuenta del "acto imperativo de exclusión" y remarca cómo ese acto "constituye la base de la existencia colectiva" (1974: 326).

Según la óptica de Bataille, la abyección es un proceso que marca la impotencia de lo desplazado, su "opresión", que se diferencia de las perversiones sexuales en las que "las cosas abyectas son buscadas" (1974: 326). La abyección relega a los sujetos a fin de obturar su propia capacidad para efectuar el acto de exclusión que los define. Y aunque Bataille afirme que tal proceso es "obra de todos los hombres" indica que "como las innumerables víctimas de las enfermedades físicas o mentales", en el mundo contemporáneo "la mayoría de los trabajadores están en la incapacidad de reaccionar fuertemente contra la porquería y la podredumbre que los invade" (1974: 327). De manera que es por esa opresión que "la vida de los hombres está situada por debajo del nivel humano de la actividad imperativa y no es sin motivo que los insolentes ricos hablan de la bestialidad de los miserables", ya que "han despojado a los desheredados de la posibilidad de ser hombres" (1974: 327). Así, la abyección conlleva una dimensión que "procede de la incapacidad material de evitar el contacto de las *cosas* abyectas"; lo que "no es más que la abyección de las *cosas* comunicadas a los hombres que las tocan" (1974: 327)[15].

En suma, para Bataille, no se trata de que los hombres y las mujeres sean consagrados como seres de la abyección, sino de convertirlos en sus blancos, lo que permite restar potencia a las capacidades de efectuar una subversión que reconfigure las fronteras de lo social.

También en *Poderes del horror* Kristeva hace de la abyección un fenómeno vinculado a las exclusiones. Desde su perspectiva, se trata de una dimensión "coextensiva al orden social y simbólico, tanto en escala individual como social" (1988: 92). Así, indica que lo abyecto es "incluso más violento" que lo ominoso, lo que a su vez lo hace "esencialmente diferente", pues "se construye sobre el no reconocimiento de sus próximos: nada le es familiar, ni siquiera una sombra de recuerdo" (1988: 13).

Esta diferencia que marca Kristeva en relación con Freud debe ser cabalmente advertida. En su decir, la abyección se figura como el "reconocimiento de la *falta* fundante de todo ser, sentido, lenguaje, deseo" (1988: 13). Con una afirmación semejante, la autora busca observar la dimensión eminentemente ontológica que remarca la imposibilidad de fijar un sentido último a la vida social: "la experiencia de la *falta* misma como lógicamente anterior al ser y al objeto –al ser del objeto–" (1988: 12). De hecho enfatiza que lo abyecto denota al sin-sentido de todo sentido y la

---

15. En cambio en su íntimo *De la abyección* [1939], Marcel Jouhandeau expresa cómo su homosexualidad se articula con su profunda religiosidad católica: "Felicidad de no ser nada, de ser feo, favor de la vergüenza, de las enfermedades y de los pecados, de las enfermedades que hacen de mí objeto de repulsa para los demás y de mis pecados que hacen de mi objeto de repulsa para mí mismo. La felicidad de todo lo que me aísla, de todo lo que me 'abyecta'" (2006: 179). Como bien indica Didier Eribon, Jouhandeau sigue "al camino místico como legitimación de la pérdida de sí mismo en el pecado, en el Mal. La santidad se alcanza rebajándose hasta la 'abyección'" (2022: 168).

necesidad de excluir eso que amenaza el orden, eso que es radicalmente heterogéneo.

Es menester advertir que al correrse de las distinciones sujeto-objeto de Bataille y familiar-extraño de Freud, Kristeva destaca que la abyección posee una dimensión "perversa", pero no en el sentido que le supo adjudicar este filósofo francés –es decir como intencionada–, sino en tanto "no abandona ni asume una interdicción, una regla o una ley" como acabada, más bien "la desvía, la descamina, la corrompe" (1988: 25). Lo abyecto, entonces, no puede ser obturado, solo visto en sus emergencias traumáticas –tal como lo expresó Freud–, ya que está siempre presente y "atrae" donde "el sentido se desploma" (1988: 8). Esto explica por qué amenaza sin que se distinga su lugar; por qué parece estar como en "un afuera" o en "un adentro exorbitante, arrojado al lado de lo posible y de lo tolerable, de lo pensable". Lo abyecto está "muy cerca, pero inasimilable" (1988: 7), significa al mismo tiempo "un polo de atracción y de repulsión" (1988: 7) que "desde el exilio" no cesa de "desafiar al amo" (1988: 8); "perturba una identidad, un sistema, un orden", es "aquello que no respeta los límites, los lugares, las reglas. La complicidad, lo ambiguo, lo mixto" (1988: 11) y que "separa al sujeto" de lo que "lo amenaza" (1988: 19). Se trata, para Kristeva, de un "fenómeno universal" que se lo "puede hallar no bien se constituye la dimensión simbólica y/o social de lo humano, y a lo largo de las civilizaciones" (1988: 92), pero que "reviste formas específicas, codificaciones diferentes según los distintos 'sistemas simbólicos'" (1988: 92):

> Surgimiento masivo y abrupto de una extrañeza que, si bien pudo serme familiar en una vida opaca y olvidada, me hostiga ahora como radicalmente separada, repugnante. No yo. No eso. Pero tampoco nada. Un "algo" que no reconozco como cosa. Un peso de no-sentido que no tiene nada de insignificante y que me aplasta. En el linde de la inexistencia y de la alucinación, de una realidad que, si la reconozco, me aniquila. Lo abyecto y la abyección son aquí mis barreras. Esbozos de mi cultura. (1988: 8).

Esto facilita que la autora describa cómo lo abyecto se manifestó en determinadas configuraciones sociales. Así, indica su rol en los ritos paganos de la impureza, su relevancia en los diferentes tabúes alimenticios de las religiones monoteístas y las variaciones que la idea de pecado original le imprimió al sujeto en el cristianismo. Precisamente en este último horizonte es donde Kristeva ubica la plena "interiorización subjetiva" (1988: 141) que remite al carácter éxtimo de la ley:

> Se sabe que el mensaje de Cristo se distingue y se impone de la manera más espectacular, quizás exterior pero sorprendente, por la abolición de los tabúes alimentarios, por la comensalidad con los paganos, por el contacto verbal y gestual con los leprosos como por su poder sobre los espíritus impuros. No es posible considerar estos datos como simplemente anecdóticos o empíricos, ni tampoco como la escenificación drástica de una polémica con el judaísmo. Se trata de una nueva disposición de la diferencia, disposición cuya economía va a reglamentar otro sistema de sentido y por lo tanto otro sujeto hablante. (1988: 151).

En suma, para Kristeva, el cristianismo habilitó una contraposición que opera en el propio sujeto. A través del pecado original, "lo malo, así desplazado *en* el sujeto, ya no cesará de trabajarlo desde el interior", no como "sustancia contaminante o manchante, sino como repulsión inextirpable de su ser, desde ahora dividido, contradictorio" (Kristeva, 1988: 154). Esa condición que hace a los seres humanos esencialmente pecadores, ese rasgo que se rubrica con la expulsión de Adán del paraíso, y el cual persigue a todos sus descendientes, permitirá la mayor de las muestras de amor del Creador. Allí residirá la posibilidad de salvación de las almas. De modo que lo malo aparece para el despliegue de lo bueno, esto es, como una suerte de piedra angular de toda posibilidad, como el despojo que religa a los hombres y mujeres con el Padre misericordioso.

En suma, en esta frontera Kristeva cifra gran parte de las tribulaciones de la subjetividad moderna, lo que le permite verificar la dimensión eminentemente singular de todo proceso social y político[16].

---

16. Estoy haciendo referencia a su idea de revuelta íntima (Kristeva, 1999). He intentado desarrollar algunas aristas de esta cuestión a partir de la teoría del populismo de Ernesto Laclau (Laleff Ilieff, 2020a) y el problema de los afectos.

Tales consideraciones sobre la abyección cobran aún más relevancia si se tiene presente los desarrollos que la propia autora efectuó a partir de la lingüística. En trabajos como "El sujeto en cuestión: el lenguaje poético" [1972] y *La Révolution du langage poétique* [1985], Kristeva distingue un primer nivel del lenguaje vinculado a la primacía del signo de un segundo nivel al que llama semiótico, el cual se relaciona con la heterogeneidad inerradicable que abriga cada significante. Según Kristeva, los sentidos, por su multiplicidad inherente, son los que tienden a desbordar y modificar las instancias estructurales que le dan orden a la sociedad. La lingüística saussureana –a diferencia de la filología clásica– supo advertirlo al aseverar que no existe sistema cerrado de significación, por lo que en todo lenguaje se expresa un elemento indecidible. El lenguaje poético, según Kristeva, es una de las expresiones donde esto se manifiesta de forma evidente. Sin embargo, el nivel semiótico no niega a la función simbólica –inclusive el lenguaje poético necesita de algo más que puro ritmo–, más bien indica que no hay orden simbólico sin heterogeneidad. Así, Kristeva logra vincular un abordaje posestructuralista con los desarrollos más eminentes del estructuralismo, ya que si se trata de distinguir lo que la "función simbólica, nominal, paterna, tiene de insostenible" (1981: 265) no sería en desmedro de su accionar posibilitador[17].

Esta heterogeneidad no puede ser entendida como un resabio del accionar castrador de la ley, es decir, como un efecto indeseado. Vale la pena revisar atentamente estos considerandos, puesto que lo que parece verificarse en ellos es una suerte de postulación de un estadio pre-simbólico que replica, a su vez, los dos niveles del lenguaje anteriormente aludidos. En otras palabras, si el signo y la ley se asocian con la figura del padre, la semiótica y la heterogeneidad lo hacen con la de la madre. Y la madre se vincula al cuerpo, a un cuerpo que no ha sido bañado aún por el lenguaje, lo que Kristeva alude con el término "*chora*" (1981: 259)[18]:

---

17. Para un análisis detallado de esta dimensión "anfibia" en el decir de Kristeva, ver: Tonkonoff y Suniga (2012).

18. Dicha autora toma esta expresión del *Timeo* de Platón. Así, la entiende como "receptáculo (*upodoxeion*) innombrable, inverosímil, bastardo, anterior a la

Los procesos semióticos que introducen lo vago, lo impreciso en el lenguaje y *a fortiori* en el lenguaje poético son, desde un punto de vista sincrónico, marcas de los procesos pulsionales (apropiación/rechazo, oralidad/analidad, amor/odio, vida/muerte) y, desde un punto de vista diacrónico, se remontan a los arcaísmos semióticos del cuerpo, que, antes de reconocerse como idéntico de un espejo y, por lo tanto, como significante, están en situación de dependencia respecto de la madre. Pulsionales, maternales, estos procesos semióticos preparan la entrada del futuro hablante en el sentido y en la significación (en lo simbólico): pero éste, es decir, el lenguaje como nominación, sigo, sintaxis, sólo se constituye por un corte con esta etapa anterior, que será reconsiderada en tanto que «significantes»: «procesos primarios», desplazamiento y condensación, metáfora y metonimia, figuras retóricas, pero siempre subordinadas-subyacentes a la función principal de nominación-predicción. (1981: 262).

En consecuencia, lo abyecto no puede ser pensado más que como una emergencia de ese componente primario, pulsional, que es excluido en vistas de garantizar la función organizativa del significante, es decir, ese primer nivel del lenguaje que posibilita la sociedad. Uniéndolo con lo expresado en *Poderes del horror*, lo abyecto es la irrupción de lo heterogéneo en la significación, la simbolización de aquello que es, en verdad, pre-simbólico, un real anterior a lo discursivo –lo que retrotrae el asunto al nudo de los registros lacanianos–.

El abordaje de Kristeva tiene el mérito de vincular la heterogeneidad inerradicable a la falta y la abyección a los intentos de lo simbólico por estructurarse, pero deja abierta la posibilidad de entender que sus emergencias son anteriores, naturales, y que por ello mismo deben ser afirmadas. La postura crítica de Butler al respecto lo elucida.

---

nominación, al Uno, al padre y, por consiguiente, connotado como maternal hasta tal punto que «ni siquiera la categoría de sílaba» le corresponde" (1981: 260). Desde otra perspectiva, Jacques Derrida (1975) le ha dedicado un análisis pormenorizado a esta noción presente en el diálogo del filósofo ateniense.

En *El género en disputa* [1990], la autora norteamericana señala que Kristeva "no pone en tela de juicio la hipótesis estructuralista de que la ley paterna prohibitiva es fundacional para la cultura"; tampoco admite los problemas que conlleva pensar que "la subversión de la cultura paternalmente castigada" procede "únicamente" desde su "interior reprimido" (2007: 184). Esta crítica implica, a su vez, otra que es la que más me interesa aquí. Según Butler, la pensadora búlgara no permite pensar cómo se desarrolla "la producción discursiva del cuerpo materno" encubriendo, así, las "relaciones de poder concretas por medio de las cuales se crea" al "tropo" mismo "del cuerpo materno" (2007: 194).

Esta apreciación resulta relevante en tanto alude a la cuestión de fondo que pone de manifiesto lo abyecto. Butler, de hecho, se pregunta si esos impulsos de los que habla Kristeva al revelarse solo "en el lenguaje o en formas culturales ya establecidas como Simbólicas", pueden realmente "verificar su situación ontológica anterior a lo Simbólico" (2007: 187). Desde la postura butleriana es "la represión" la que crea "el objeto que va a rechazar" (2007: 195) en la medida en que no hay instancia que no esté ya informada por la norma o por lo simbólico. Es por ello que se aparta de Kristeva en cuanto trata de pensar la emancipación sin un "pasado «natural»" al que se deba regresar, con "sus placeres originales", sino habilitar "un futuro abierto de posibilidades culturales" (Butler, 2007: 196).

Este horizonte es el que Butler continuó explorando en *Cuerpos que importan. Sobre los límites materiales y discursivos del "sexo"* [1993]. Allí se ocupa de denunciar la naturalización de la norma entendiendo los peligros que conlleva consagrar un binarismo sexual como definidor natural de las identidades, lo que a su vez implica delimitar condiciones degradadas o excluidas "dentro de los términos de la socialidad" (2012: 20). Así es que indica cómo determinadas expresiones sexuales pasan a ser señaladas como "amenazadoras" para la "propia integridad" (2012: 20) de las formas socialmente legítimas. En ese marco, lo abyecto resulta vinculado a lo excluido de lo simbólico, pero sin relación alguna con un estadio previo a lo simbólico:

Lo abyecto designa aquí precisamente aquellas zonas "invivibles", "inhabitables" de la vida social que, sin embargo, están densamente pobladas por quienes no gozan de la jerarquía de los sujetos, pero cuya condición de vivir bajo el signo de lo "invivible" es necesaria para circunscribir la esfera de los sujetos. Esta zona de inhabitabilidad constituirá el límite que defina el terreno del sujeto; constituirá ese sitio de identificaciones temidas contra las cuales –y en virtud de las cuales– el terreno del sujeto circunscribirá su propia pretensión a la autonomía y la vida. En este sentido, pues, el sujeto se constituye a través de la fuerza de la exclusión y la abyección, una fuerza que produce un exterior constitutivo del sujeto, un exterior abyecto que, después de todo, es "interior" al sujeto como su propio repudio fundacional. (2012: 19)[19].

El concepto butleriano de abyección, entonces, subraya la necesidad de indagar acerca del discurrir de ciertas expresiones que no encuentran su reconocimiento en el orden simbólico. Esta es, de hecho, la temática que guía la discusión de la autora (2001) con las interpretaciones de Lacan y de Hegel sobre el personaje trágico de Antígona. De hecho Butler encuentra que ambas lecturas sobre la heroína poseen un tono normalizador: en el caso del psicoanalista a partir de la primacía del complejo de Edipo; en el caso del filósofo por una lógica estatal que es, además, patriarcal. Pero lo interesante de esto es que las tematizaciones de Butler iluminan cierto modo de concebir a lo real en política. De hecho, en *Cuerpos que importan*, Butler se ocupa especialmente de criticar la postura lacaniana de Laclau y Žižek sobre dicho concepto, cuestión que también opera en las páginas del volumen de intercambios recíprocos intitulado *Contingencia, hegemonía, universalidad* [2000].

En este libro, la pensadora norteamericana afirma que presuponer lo real como lo imposible –tal como lo hacen el autor argentino y el esloveno siguiendo a Lacan– es estar ya nominándolo y, al hacerlo, lo real no solo aparece como un límite de lo sim-

---

19. Butler también se pronuncia sobre lo abyecto en otros títulos de su autoría –como *Marcos de guerra. Las vidas lloradas* [2009]–, aunque sin efectuar agregados sustanciales.

bólico, sino como una parte de él, o mejor, como algo integrado a él (Palti, 2005)[20]. Así, Butler no solo indica una distancia con sus interlocutores, considera además que ese es el modo adecuado en el que debe entenderse lo real. Sin embargo, como bien le hace saber Laclau, esta aseveración denota una confianza excesiva en la capacidad de lo simbólico por dar con lo real. Habilita, incluso, la posibilidad de pensar una representación plena o una identidad entre significante y significado, algo que, como se ha visto a partir de Kristeva, resulta imposible. Para ser más claro: si se sigue a Butler en su visión sobre lo real, es decir, si se coincide con su aseveración de que lo real es una parte de lo simbólico en términos de un cuasi-trascendental, ¿qué agencia le cabría al sujeto para salir de la norma? ¿Cómo se actualizaría un determinado campo de representación? ¿De qué modo se produciría un cambio histórico? Lo que quiero señalar con estas preguntas tan variadas es que Butler olvida que lo real es un *impasse* (Badiou, 2016) intrínseco a toda formalización; de allí que en sus escritos lo abyecto es o bien un desperfecto contingente del orden o bien un efecto del orden. Pero en ambos casos, parece ser evitable ni bien se logre reparar lo que no funciona de la norma, aun cuando sabemos que la norma jamás funcionará de manera perfecta. Para decirlo más llanamente es como si en su crítica al efecto articulador de lo simbólico Butler guardara una íntima y secreta esperanza sobre las posibilidades del orden[21].

Como ya he dicho, no puedo más que coincidir con Butler en su crítica a Kristeva en torno a la dimensión siempre simbolizada de lo materno, pero no creo que sea prudente seguirla allí cuando su juicio hace de lo heterogéneo una simple expresión de la ley, ya que esto complota en advertir al sinsentido de toda definición. Es cierto que sus análisis permiten distinguir y denunciar las naturalizaciones de las exclusiones –incluso la "biologización" de la

---

20. Para más precisiones sobre el concepto de lo real en Butler, ver: Speziale, Tomás y Muniagurria, Mandela (2021).

21. Sara Ahmed (2000; 2005) –quien sigue a Butler en no pocas cuestiones– parece dotar de demasiada suficiencia a lo simbólico. De hecho es precisamente por esta dimensión que su perspectiva no puede acceder a una noción de afectividad que revela cómo la castración simbólica da cuenta de la imposibilidad de nombrar el acontecimiento que se produce en el cuerpo y que lo distingue de los sentimientos.

identidad–, pero también dejan abierta la posibilidad de reforzar esas mismas exclusiones a partir de un intento por recomponer lo simbólico. Recuperando la agencia y lo inerradicable de lo heterogéneo, Butler termina enfatizando que lo heterogéneo puede dejar de serlo al pasar a ser reconocido por el orden o al instaurar un verdadero orden democrático que asuma una heterogeneidad sin límite como premisa fundamental. En cierta medida, al reducir a lo real a un momento de lo simbólico, lo real mismo pasa a ser susceptible de que se lo busque retornar a su verdadero lugar, esto es, a un lugar que haga imposible su emergencia.

El problema, en definitiva, es de mayor alcance: la imposibilidad no es de lo real, sino de lo simbólico. Por lo tanto es menester dudar de lo "masculino" y lo "femenino", del "hombre" y "la mujer", de lo "paterno" y de lo "materno", y de toda otra categoría o díada ordenadora, puesto que su función, su accionar, encierra un sin-sentido. De manera que tampoco es posible aislar lo real de lo simbólico; solo buscar lo real en lo simbólico y pensar la manera particular en que la falta opera desde el nudo. Precisamente esta cuestión es lo que parece no haber sido sopesado correctamente tanto por Butler como por Kristeva –al igual que por pensadores como Gilles Deleuze y Félix Guattari (1985) y sus desarrollos sobre la "máquina deseante" o Cornelius Castoriadis (2013) y sus elucubraciones sobre la "mónada psíquica" y hasta por lacanianos como Miller (2014) o Stavrakakis (2010) con sus afirmaciones de la existencia de un real pre-simbólico[22]–.

A continuación, me adentraré en la obra de Benjamin indicando otra deriva posible de concebir a lo real o de hallar lo real

---

22. Inclusive en el trabajo de Néstor Braunstein (2006) sobre la noción de goce –acaso el más clarificador que se conozca al respecto–, lo real aparece figurado desde cierta ambivalencia, esto es, por momentos atado a lo pre-simbólico del goce del cuerpo, por momentos inscripto en la simbolización en la que aparece insertado necesariamente el cuerpo. León Rozitchner (2011) arguye una equiparación entre la madre y lo corporal –semejante a la de Kristeva– que lo lleva a ponderar una dimensión originaria perdida desde una castración no-simbólica sino bien concreta, material, a manos del padre –esto es lo que el autor manifiesta, de hecho, contra Lacan–. Es en este registro en el que la subversión parece no poder concebirse sino gracias a eso otro que es la ley, asemejándose –al menos en este punto fundamental– a una perspectiva que aunque no conduce directamente a la deriva conservadora del retorno, sí la deja carente de toda posibilidad de articular la heterogeneidad que evoca.

en la teoría y la filosofía política. Intentaré mostrar que su pensamiento sobre la violencia conlleva un puro real que niega la dimensión eminentemente política de la existencia. Esto será crucial para entender que la abyección remite menos a un acto de exclusión que a una falta constitutiva de lo simbólico que todo acto de exclusión busca obturar.

Capítulo 2
Un puro real

Detrás de mi argumento acerca del carácter desanudado de la violencia en la interpretación de Benjamin –violencia que aparece como lo real sin inscripción simbólica alguna– se esconde una apuesta conceptual para entender la ontología de lo político. Un recorrido por las páginas de *Para una crítica de la violencia* permite indicar la importancia de ciertos elementos que refieren al estatuto de la abyección en el anudamiento de los tres registros lacanianos. Sospecho que con su crítica a la relación entre violencia y derecho, Benjamin termina inhabilitando la pregunta sobre el discurrir de lo político, sobre las formas que asume todo orden simbólico, pues, en definitiva, su perspectiva conduce a la negación de lo simbólico en tanto tal.

Es menester recordar que desde el comienzo de su mencionado escrito, el pensador berlinés busca una vía de indagación sobre la violencia que no comprenda el camino de la ética. Es que como bien indica, la violencia suele aparecer relacionada con la justicia y el derecho. Se trata de una relación atravesada por el interrogante acerca del carácter justo o injusto de los fines y de los medios que se emplean: ¿puede un fin justo valerse de la violencia? ¿Es esta, acaso, un medio ético? De no serlo, ¿obtura su empleo las características del horizonte al que busca contribuir? Para Benjamin estos son interrogantes de los cuales hay que escapar si se trata de efectuar una crítica con capacidad disruptiva. En definitiva, la violencia es un medio y no un fin, de modo que nada se puede concluir sobre este terreno; hace falta suspender la pregunta por la justicia y observar la violencia en el terreno del derecho[23].

Así, Benjamin contrapone la tradición del derecho natural a la del derecho positivo. Señala que para la primera la violencia es una cuestión natural, por lo que no representa un problema siempre y cuando los fines a los que sirva sean justos. Para la segunda, en cambio, aparece como un dato histórico, cuyas complicaciones se manifiestan cuando su empleo carece de legitimidad, es decir, si se utiliza a la violencia de una forma no avalada por los márgenes del propio derecho. Tales considerandos hacen que Benjamin concluya que mientras "el derecho positivo es ciego para la incondicionalidad de los fines", "el derecho natural lo es para la condicionalidad de los medios" (2007-2008: 427). Sin embargo, destaca que "ambas escuelas convergen en un dogma fundamental: fines justos pueden ser alcanzados por medios legítimos, medios legítimos pueden ser empleados para fines justos", pues si el derecho natural "aspira a «justificar» los medios por la justicia de sus fines, el derecho positivo, a «garantizar» la justicia de los fines a través de la legitimación de los medios" (2007-2008: 427).

Pero para Benjamin existe una diferencia fundamental: mientras el derecho natural aporta una "casuística sin fondo" (2007-2008: 427) –por lo que una indagación crítica sobre la violencia no puede inscribirse en sus dominios–, el derecho positivo permite abordar formas específicas de la violencia. Precisamente en este sendero emerge, según el autor, la posibilidad de pronunciarse sobre el problema tan weberiano de la monopolización de la coerción física. De hecho, indica que tal prerrogativa parece no ser propiedad del Estado. Es que como se verá en un instante, Benjamin resalta que la violencia excede la lógica del derecho. No obstante, no le preocupa discutir el trasfondo de esto, más bien

---

23. Resulta significativo que la precaución sobre la ética encuentre eco tanto en este texto de Benjamin como en la conferencia de Weber (1972) acaecida por aquellos mismos años acerca de la política como vocación. En ambos la pregunta ética aparece señalada para luego quedar suspendida, sin que ello sea para nada irrelevante en la tarea de comprender sus respectivos análisis. Sobre este aspecto del decir weberiano, me permito remitir a lo trabajado en mi artículo de 2019.

solo enfatizar –y con ese movimiento quebrar– la recursividad entre derecho y violencia.

Como se sabe, el derecho apela a la violencia para sostenerse, pero deja siempre una posibilidad de que se dé una expresión violenta que modifique su configuración o instale otra bien distinta en su lugar. Según Benjamin, este es el motivo por el cual al derecho le importan menos los actos de los criminales que la legitimidad con la que estos pueden contar. No casualmente remarca el peligro de que un malhechor goce de la simpatía del pueblo. De todos modos no es esta la mayor amenaza que enfrenta el derecho; su mayor peligro proviene de la prerrogativa a la huelga. Esta situación evidencia que los trabajadores que la ejercen y el Estado que la garantiza son los únicos legitimados para valerse de la violencia. Pero como es harto evidente, los trabajadores están en una posición desventajosa: su derecho siempre puede ser revocado, más aún ante la posibilidad de que una huelga devenga en "huelga general revolucionaria" (2007-2008: 431). Por tanto, intentonas revolucionarias como la espartaquista no logran escapar de esta recursividad del derecho, por el contrario, la refuerzan. Así, la violencia se presenta en una dualidad, como una suerte de péndulo que oscila entre la capacidad instauradora y deponedora de lo jurídico. Evidencia de este primer modo sería el derecho a la guerra y del segundo su continuación más eminente: el militarismo. En ese marco es que Benjamin advierte que en la policía conviven ambas características, ya que los edictos que dicha institución formula cotidianamente se unen a su búsqueda de conservación del entramado legal imperante. Sin embargo concluye que "en oposición al derecho, que reconoce en la «decisión», establecida en un aquí y ahora, una categoría metafísica que reclama la crítica, la consideración de la institución policial no toca nada esencial" (2007-2008: 436).

Llegado este punto, Benjamin explora si existe una salida al atolladero que supone que "toda violencia como medio" sea "o bien instauradora de derecho o bien conservadora de derecho" (2007-2008: 436). Se pregunta "si no hay otros medios que no sean violentos para la regulación de los intereses humanos en conflicto" (2007-2008: 436). Según considera, "las relaciones entre personas privadas ofrecen abundantes ejemplos de ello", siempre y cuando "la cultura del corazón del ser humano haya puesto al alcance de la mano medios puros de concordancia" (2007-2008: 438). No obstante, estos "jamás" aparecen como "soluciones inmediatas, sino sólo y siempre mediatas" (2007-2008: 438) debido al accionar de la ley. Es que el derecho se infiltró en el "mutuo entendimiento", en el ámbito del lenguaje, poniendo al "engaño bajo castigo" (2007-2008: 439), en virtud de lo cual "se vuelve contra el engaño no por escrúpulos morales, sino por temor a las reacciones violentas que pueda desencadenar entre los engañados" (2007-2008: 439).

Acto seguido, Benjamin retoma la cuestión de la huelga apelando a la distinción que Georges Sorel estableció en sus *Reflexiones sobre la violencia* [1908]; la huelga política pretende obtener concesiones materiales y entablar negociaciones, mientras que la huelga general proletaria efectúa un proceso que busca la revolución. Por esa razón es que Sorel veía con desagrado las mediaciones que pudieran darse entre la voluntad y el hecho revolucionario. Debía tratarse de un efecto espontáneo catalizado por el mito; verdadera construcción imaginaria destinada a inocular estados de ánimo a los obreros para que abandonasen sus puestos de trabajo. Tales considerandos hicieron que en sus *Cuadernos de la cárcel* [1919-1935], Antonio Gramsci describiera a Sorel como un antipoliticista, es decir, como un pensador que pretendía negar la articulación de las distintas esferas sociales y la tarea hegemónica del partido revolucionario ya vista por Lenin (Ingerflom, 2017). Benjamin, en cambio, salva esta diferenciación sorealiana añadiendo que la huelga general proletaria es la única forma de liquidación de la violencia, es la única instancia que permite hacer de la violencia un "medio puro", una herramienta "no violenta" (2007-2008: 441).

En este punto de su trabajo emergen una serie de interrogantes, a saber: ¿cómo pensar una violencia no vinculada a un fin, es decir, como puro medio? ¿Cómo no pensar que la huelga general revolucionaria se posiciona ante el derecho aunque no sea para alcanzar su pretensión de liquidarlo? ¿Por qué Benjamin afirma que las acciones que puedan ser emprendidas en su curso no son violentas? La huelga general revolucionaria no es violenta –arguye el heterodoxo pensador– porque busca que el derecho cese. De modo que los actos violentos que puedan darse en su despliegue aparecen como intentos por quebrar la circularidad medios-fines. Así, se abre un nuevo panorama de análisis. Benjamin afirma que es posible rastrear marcas que evidencian una expresión semejante. La violencia mítica que se describe en las tragedias aparece por fuera del derecho. En los versos de esta formulación artística de la Antigüedad el arbitrio de los dioses va contra el derecho instaurado por los hombres. Sin embargo, Benjamin se ve obligado a aclarar rápidamente la naturaleza de esta violencia. En este pasaje de su escrito se verifica la complejidad de la problemática y hasta la importancia de los distintos significados que el término alemán "Gewalt"[24] encierra, pues la violencia de los dioses remite a la dominación y a su autoridad, por lo tanto, rivaliza en el espacio del derecho. En consecuencia, no rompe el vínculo denunciado. De allí que Benjamin plantee "una vez más, en última instancia, la pregunta por una violencia inmediata pura, que pudiese poner término a la violencia mítica" (2007-2008: 446). Aparece como contraposición decisiva la violencia divina:

> Tal como en todos los ámbitos al mito se opone Dios, así a la violencia mítica la divina. Y en efecto, ésta designa el opuesto de aquella en todos los aspectos. Si la violencia mítica es instauradora de derecho, la divina es destructora de derecho (*rechtsvernichtend*), si aquella establece límites, la segunda los aniquila ilimitadamente, si la mítica es culpabilizadora (*verschuldend*) y expiatoria (*sühnend*) a la vez, la divina es redentora (*entsühnend*), si aquella amenaza, ésta golpea, si aquella es sangrienta, esta otra es letal de modo incruento. (2007-2008: 446).

Benjamin asegura que la violencia mítica es "violencia sangrienta [que se ejerce] sobre la mera vida por causa de ella [misma], la pura violencia divina lo es sobre toda vida por causa del viviente" y mientras que aquella "exige sacrificios", esta "los acepta" (2007-2008: 447):

---

24. Término que puede ser traducido como: "violencia", "fuerza bruta", "poder", "ímpetu" y "coerción".

Aquello que, como violencia educadora está fuera del derecho en su forma consumada, es una de sus formas de aparición. Éstas no se definen, pues, tanto porque las ejerza Dios mismo directamente en milagros, sino por esos momentos de realización incruenta, contundente, redentora. Y en fin, por la ausencia de toda instauración de derecho. En esta medida se justifica también llamar a esta violencia aniquiladora; pero lo es sólo de manera relativa, es decir, con respecto a bienes, derecho, vida y cosas semejantes, jamás absoluta con respecto al alma del viviente. Parecida extensión de la violencia pura o divina provocará, por cierto, precisamente en la actualidad, los ataques más vehementes, y se le saldrá al paso con la indicación de que ella también autoriza a los seres humanos, en recta consecuencia de su deducción, de manera condicional, la violencia letal de unos contra otros. Esto no debe admitirse. (2007-2008: 447).

Para un importante comentarista como Werner Hamacher (2013), la violencia divina benjaminiana es *aformativa* y no performativa, es decir, no implica realización alguna, tampoco representación. En sus propias palabras, "la *aformancia*" que pone de relieve "es el acontecimiento mismo sin forma de la formación del cual quedan excluidas todas las formas y todos los actos performativos" (2013: 187). De allí que considere que Benjamin logra efectuar una "inversión de la perspectiva de la teoría política clásica" (2013: 205), tradición tan preocupada por la producción de regímenes y sistemas de gobierno que buscan la armonía social. Para Hamacher, la huelga general proletaria estaría "dirigida a nada", por lo que puede "llamarse carente de intención" (2013: 196) alguna, por lo que puede figurársela como un medio de "ruptura" (2013: 198).

Ahora bien, en esa apuesta de Benjamin, Hamacher no encuentra resto teológico alguno, mucho menos una heterodoxa apuesta mesiánica; de la huelga general revolucionaria nada se espera, es pura suspensión. Sin embargo, Hamacher admite que no es una "determinada forma de política, sino una manifestación de lo político en general" (2013: 200); manifestación que Benjamin despliega del accionar proletario, de aquellos que aparecen como los dominados en la historia:

con la huelga general proletaria, con la "*destitución*" del dominio del derecho positivo se presentaría históricamente –pero históricamente de modo tal que se inaugure otra historia– la estructura de la participación del lenguaje, la sociabilidad misma. (2013: 200)[25].

Hamacher, por tanto, encuentra una suerte de posición anarquista en este escrito. Sin embargo, como veremos, esta apuesta no permite entender aquellas premisas de lo político aludidas por la abyección. De todos modos, esta lectura nos resulta particularmente interesante debido a que vincula la violencia divina con el significante "política", aun cuando el propio Benjamin renuncie a las mediaciones propias de su accionar. Asimismo, Hamacher se las ingenia para que lo político prescinda de tales expresiones. Se trataría, paradójicamente, de una suerte de apuesta por una "política ontológica". Pero lo cierto es que Hamacher termina desplazando lo político al registro de la historia. Solo así la denuncia benjaminiana contra el derecho puede entenderse como la posibilidad de una ruptura que no deja de ser política como condición de ausencia total de la política, esto es, de toda dominación; solo así podría señalarse cierta dimensión nihilista por una violencia como puro medio al conducir a una instancia sobre la que nada se puede decir ni predicar. Resulta inocultable, de todos modos, que el propio Benjamin apelara al significante "divino" para caracterizar esta violencia que es puro medio. En cierta medida, esta sospecha dota de asidero a aquellas perspectivas que afirman la presencia de una dimensión mesiánica en su decir (Agamben, 2007)[26]. Tales lecturas suelen reforzarse apelando al escrito póstumo de Benjamin *Sobre el concepto de historia*. Sin ánimo de adentrarnos en la espesura de este debate,

---

25. Es interesante notar que en "Sobre el lenguaje en general y el lenguaje de los humanos" [1916] –texto al cual se suele recurrir en vistas de abordar algunos de los puntos engorrosos de su escrito sobre la violencia (Cantisani, 2015)– Benjamin (2001b) señale que el orden simbólico de los humanos deriva –con todas sus peculiaridades– del orden divino, apareciendo como una traducción precaria de aquello a lo que Dios, con su palabra, ha creado. Como se verá, en *Para una crítica de la violencia* esa necesidad aparece más bien suspendida, acentuada como fútil debido a lo indecible. Sobre el particular: Catanzaro (2011).

26. Acerca del problema de la teología en Benjamin, consultar: Abadi (2014) y Naishtat (2016).

solo deseo señalar que en 1921 lo mesiánico aparece interrogado al coaligarse con la postura anti-soberanía del autor. Pero lo que en verdad me interesa es que la violencia divina benjaminiana excluye todo sentido. En otras palabras, no es más que la violencia de un puro real desanudado que lleva a la política hacia su diso-lución, pues suspende toda mediación simbólica, todo soporte imaginario, obtura la falta, la elimina desde un afuera.

En esta línea resulta sintomático que Benjamin exprese, con-tra la justificación del asesinato a partir de los Mandamientos, que "es imposible de antemano prever el juicio divino sobre el acto ni su fundamento" (2007-2008: 448), y que "para los seres humanos no es ya posible ni tampoco urgente decidir cuándo fue real una violencia pura en cada caso determinado", pues

> sólo la violencia mítica, no la divina, se dejará reconocer con certeza como tal, aunque sea en efectos no comparables entre sí, porque la fuerza redentora de la violencia no está a la luz del día para los seres humanos. (2007-2008: 450).

Esto, que puede ser considerado como un influjo más del vita-lismo soreliano y de las raíces judías del autor, adquiere un matiz fundamental. Se podría conjeturar que el carácter de difícil recono-cimiento de la violencia divina que deja a los sujetos en la radical contingencia de la ignorancia –lo que a su vez acentúa la crítica a la herencia griega que, junto con el cristianismo construyeron lo inexorable del destino según Benjamin[27]– produce un repliegue sobre lo que realmente significa la huelga general proletaria.

Por todo ello parecería que la visión benjaminiana sobre la violencia como puro medio conduce a la suspensión del orden simbólico en tanto tal y, por ende, clausura la pregunta por la abyección. Quizá esta sea la razón que dificulta reconocer cuando se manifiesta la violencia divina; quizás por ello Benjamin la pre-senta como una expresión que no es teológica ni abreva en el derecho, como una violencia que inhabilita la estructura misma de la discursividad y que no cesa de no inscribirse en ella. Así,

---

27. Esta particular lectura se puede observar tomando como referencia la mención al mito de Níobe presente en el texto que aquí nos ocupa, en las reflexiones de "Destino y carácter" [1919] y en las de "El capitalismo como religión" [1921]. Sobre tales trabajos, recomiendo consultar las indagaciones de Fabián Ludueña Romandini (2011) y de Lucía Pinto (2019).

lo real de la violencia termina apareciendo como propio de un orden que no es un orden, que no está agujereado[28].

Jacques Derrida (1997) reparó en esta misma dificultad de distinguir la violencia mítica de la divina siguiendo la curiosa afirmación del propio Benjamin acerca de la imposibilidad de comprender cabalmente en qué consiste cada una de ellas. De manera provocadora vinculó este rasgo de la violencia con su carácter destructor. Según Derrida, la visión benjaminiana bien podría conducir a algo semejante a la Solución final propugnada por el nacionalsocialismo. Agamben (2010), por su parte, se valió de esta misma dificultad de reconocimiento para argumentar que Benjamin remite a un tiempo en donde ya no hay excepción ni regla alguna. De manera que el autor alemán habría entonces apelado a una violencia mesiánica buscando romper con toda maquinaria de muerte propia del paradigma de la soberanía. Por mi parte, extraigo algo bien distinto del escrito benjaminiano de 1921: la violencia que allí se figura como puro medio no es más que un real desanudado que no puede decir nada sobre lo político y su singularidad, ni puede explicar la hiancia de la abyección. De este modo, a diferencia de Derrida, no creo que el decir del autor pueda vincularse con el exterminio nazi: al carecer de inscripción simbólica alguna, Benjamin termina negando toda sedimentación política.

Esta distancia permite afirmar que no hay orden social sin anudamiento entre lo real, lo simbólico y lo imaginario. No hay orden alguno, ni estabilización simbólica, sin un real éxtimo que lo constituye y lo amenaza, sin ese lugar imposible de representación de la falta de objeto de la que hablaba Lacan. Las figuras a las que apelaré en lo sucesivo no harán más que evidenciar distintos modos ensayados por los discursos políticos contemporáneos para lidiar con ella. La primera –la del sacrificio–, que tanta vinculación tiene con la dimensión religiosa y teológica, será abordada a continuación a partir de las imputaciones críticas sobre la soberanía presentes en el decir de Girard y del ya mencionado Agamben.

---

28. En *Sobre la violencia. Seis reflexiones marginales* [2008], Slavoj Žižek presenta la violencia divina como una violencia sin la garantía del gran Otro y la asemeja a la noción de acontecimiento de Alain Badiou (2003).

— SEGUNDA PARTE —
El sacrificio

Capítulo 3
La crisis de las diferencias

René Girard se pronunció sobre la violencia en distintos trabajos de su autoría –tales como *La violencia y lo sagrado* [1972] y *El chivo expiatorio* [1982]– destacando al sacrificio como una institución que permite su regulación. Sin embargo, hacia el final de su vida presentó una interesante modulación al respecto. En *Clausewitz en los extremos* [2007] ya no se trataba de la contraposición entre las sociedades arcaicas y las modernas –lo importante había dejado de ser la penetración de lo sagrado en lo social y su conexión con la violencia y la justificación de por qué, en un mundo secularizado, se volvía imperioso gestar alguna suerte de dispositivo que la administrara–, sino de negar cualquier presencia violenta en la vida comunitaria señalando la raíz satánica del sacrificio. Sin embargo, en este texto de 2007, Girard supo observar el mismo signo epocal de sus textos precedentes, a saber: el aumento irrefrenable de la violencia. Se podría decir, entonces, que Girard pasó de analizar una forma de abyección y contraponerla a otra a negar toda clase de abyección o, para expresarlo de una manera lacaniana, a negar la experiencia de la falta. Es que en un primer momento sostuvo la centralidad de lo sagrado en lo social señalando que el orden político debía articularse en torno a este supuesto para luego negar la validez de todo orden político sosteniendo que lo social debía devenir en sagrado.

Este pasaje de la trayectoria del autor me interesa particularmente en tanto alude a cierta solidaridad que guarda lo religioso con lo político en autores contemporáneos tan diversos. Girard, sin embargo, lo hace de una manera particular. En *Clausewitz a los extremos* lo real de la política no es ya la violencia, sino Cristo, la verdad. El Ungido por Dios es, para el francés, quien supo mostrarle al mundo el camino hacia la extinción de toda emergencia conflictiva de la vida humana. Pero se trata, claro está, de un real bien distinto al lacaniano, de un real que no admite la producción de fisuras. Así, a diferencia de la perspectiva benjaminiana, la del último Girard no hace de la violencia una manifestación de lo divino, sino su más simple negación.

En sus indagaciones de 1972, Girard indica la "ambivalencia" fundamental del sacrificio, ya que "es criminal matar a la víctima porque es sagrada..., pero la víctima no sería sagrada si no se la matara" (2016: 11). De esta manera pasa a efectuar toda una suerte de equiparación entre la violencia y lo sagrado. Arguye que tales elementos se encuentran articulados en el origen de toda vida social. Sostiene que los paradigmas científicos y las ideologías dominantes procuran negar este carácter fundante subestimándolo y relegando a la religión a la marginalidad de lo privado. Por ello quiere destacar la importancia de un abordaje que ponga a lo sagrado en el centro de lo social; centro secreto que conlleva un acto fundacional de violencia y de muerte.

Apelando, entonces, a la antigua institución del sacrificio, Girard sienta postura sobre el inicio, pero también sobre el desarrollo de lo político. Se vale de la antropología filosófica para elaborar una crítica a la tradición moderna, principalmente para ir en contra de la lógica de la igualdad que opera en su seno. En este sentido, parece encontrarse próximo a sus compatriotas contrarrevolucionarios que, siglos atrás, alertaron sobre las indistinciones contrarias al orden medieval. No en vano cita a Joseph de Maistre (2009) quien supo indicar que el sacrificio existió –y existiría– en todas las sociedades. Pero a Girard le preocupaba menos esta regularidad en la historia que efectuar un anacronismo que le sirviera como verdadero punto de ataque contra la Modernidad.

Según su perspectiva, no hay sociedad sin violencia, pero no hay sociedad que pueda lidiar con ella si no advierte la importancia que esta encierra desde su propio origen. En este sentido, la ligazón de la vida comunitaria con lo sagrado se vuelve evidente, lo que no significa que la violencia deba ser entendida como fruto inevitable de la religión. Para ser más exacto, el sacrificio resulta indistinguible de lo sagrado debido a su legitimación. Su ritual procura que la comunidad se congracie con los dioses evitando que la furia divina se desate sobre ella. Sin embargo, su verdadera importancia reside, según Girard, en su funcionamiento como dispositivo regulador de la violencia, es decir, como estabilización simbólica. Es que al desplegarse evita que la cólera pulverice el espacio de lo social, de allí que sea un "instrumento de prevención en la lucha contra la violencia" (2016: 28). Produce, en otros términos, un punto de condensación que conjura la amenaza interna de lo social:

> La víctima no sustituye a tal o cual individuo especialmente amenazado, no es ofrecida a tal o cual individuo especialmente sanguinario, sustituye y se ofrece a un tiempo a todos los miembros de la sociedad por todos los miembros de la sociedad. Es la comunidad entera la que el sacrificio protege de *su* propia violencia, es la comunidad entera la que es desviada hacia unas víctimas que le son exteriores. El sacrificio polariza sobre la víctima unos gérmenes de disensión esparcidos por doquier y los disipa proponiéndoles una satisfacción parcial. (2016: 17).

Lo que sucede es una suerte de "sustitución sacrificial" (2016: 15), un verdadero deslizamiento, que hace que no pierda eficacia el dispositivo sacrificial:

> una auténtica operación de transferencia colectiva que se efectúa a expensas de la víctima y que actúa sobre las tensiones internas, rencores, las rivalidades y todas las veleidades recíprocas de agresión en el seno de la comunidad. (2016: 17).

El funcionamiento del sacrificio es bastante simple. Se elige a una "víctima propiciatoria" (2016: 79) –a una figura masculina, femenina o animal que integra la comunidad– y, tras una serie de rituales específicos, se le da muerte y se la transforma en ofrenda a los dioses. Sin embargo, este accionar propio de las sociedades primitivas acarrea "cierta ignorancia" "primordial" (2016: 17), pues

> se supone que es el dios quien reclama las víctimas; sólo él, en principio, se deleita con el humo de los holocaustos; sólo él exige carne amontonada en sus altares. Y para apaciguar su cólera, se multiplican los sacrificios. (2016: 17).

Pero Girard afirma que el sacrificio no aquieta la furia divina ni bendice a la comunidad por su obediencia. Su función es bien distinta: "desviar hacia una víctima relativamente indiferente, una víctima «sacrificable», una violencia que amenaza con herir a sus propios miembros, los que ella pretende proteger a cualquier precio" (2016: 14). De manera que la violencia aparece entremezclada con lo sagrado, por eso es que Girard la define como "una institución real" que gira en "una entidad puramente ilusoria" (2016: 17). Sin embargo, esa ilusión no es del todo falsa, pues a través de ella se apela a una exterioridad constitutiva que es íntima. Es decir, el sacrificio revela un punto éxtimo en la conformación del orden simbólico; reúne la violencia que circula en lo social y la descarga a un mismo tiempo, de una misma forma, en un solo blanco. Ahora bien, la justificación sacrificial remite a lo religioso, pero su operatividad resulta eminentemente política. Es por ello que sostiene que "en lugar de negar la teología en bloque y de manera abstracta, lo que equivale a aceptarla dócilmente", Girard afirma que "hay que criticarla" y que "hay que recuperar las relaciones conflictivas que el sacrificio y su teología disimulan y satisfacen a un tiempo" (2016: 17).

Pero Girard no presenta al sacrificio como un artilugio exitoso, más bien trata de indicar que la violencia es una dimensión inerradicable de lo humano. En consecuencia, no intenta reivindicarlo como dispositivo, solo señalar la cercanía que las sociedades arcaicas mantienen con ese trasfondo que le da vida. Esto, de hecho, le permite efectuar una lectura crítica de su propia Era: la Modernidad. Desde su perspectiva, existe una verdadera "crisis sacrificial" que atenta contra la estabilización de toda forma de vida, pues las diferencias entre los individuos han quedado ya enteramente diluidas. La soberanía, como paradigma de lo político, no hace más que negar la raíz religiosa de lo social y desconocer las exclusiones que necesariamente deben producirse para todo orden. En un mundo que se precia de ser secularizado, el sacrificio ya no tiene lugar más que en los anaqueles de la barbarie, pero la barbarie –la verdadera barbarie para Girard– persiste bajo otras máscaras de la razón. Así, la falta de un reemplazo efectivo en la administración de la violencia hace que la responsabilidad de su existencia como fenómeno social descanse en el accionar de los individuos. La sociedad ya no se sabe violenta ni sagrada; no quiere tampoco hacerse cargo de ese elemento que la constituye y la amenaza internamente. Solo quiere, según Girard, presentarla como una manifestación marginal, aleatoria, patológica, que afecta a la vida de aquellos privados que se ven involucrados, de una u otra manera, contingente o azarosamente, en eventos conflictivos.

El moderno sistema de justicia ha rubricado tal rasgo epocal. Su accionar, según Girard, se produce siempre *a posteriori* al buscar reparar el daño sufrido por un sujeto damnificado. El costo lo solventa aquel que ha sido hallado culpable según lo establecido por los códigos jurídicos. A diferencia del Medioevo italiano con sus guerras interminables entre familias que perturbaban a la ciudad toda, el Estado moderno pasó a hacerse cargo de los diferendos institucionalizando la venganza[29]. Por ello es que la crisis sacrificial aparece como signo casi ininterrumpido de la época. La responsabilidad de la violencia ya no es de la comunidad; ya no hay trascendencia que replique los acontecimientos, ya no hay distinción social alguna, hay pura homogeneización. El ideal de la igualdad ha triunfado y, ahora, solo pueden verificarse sus gravosas consecuencias:

> La diferencia sacrificial, la diferencia entre lo puro y lo impuro, no puede borrarse sin arrasar consigo las restantes diferencias. Se trata de un único e idéntico proceso de invasión por la reciprocidad violenta. La *crisis sacrificial* debe ser definida como una *crisis de las diferencias*, es decir del orden cultural en su conjunto. En efecto, este orden cultural no es otra cosa que un sistema organizado de diferencias; son las distancias diferenciales las que proporcionan a los

---

29. Sobre la relación entre violencia y sistema penal, véase: Tonkonoff (2019).

individuos su «identidad», y les permite situarse a unos en relación con los otros. (Girard, 2016: 59).

Ahora bien, si se repara en la víctima propiciatoria de la que habla Girard en sus primeros textos, se verá que guarda algunos rasgos interesantes para comprender la caracterización que ofrece del presente. Se trata, como dice el propio autor, de un integrante de la comunidad que debe ser separado para su posterior sacrificio. Su condición sagrada, sin embargo, prohíbe su muerte, pero solo al concretarse puede convertirse en la figura trascendente de la comunidad. En el próximo capítulo indicaré cómo esta ambivalencia que subraya Girard también aparece destacada por Agamben, quien siempre remarcó la dimensión teológica de lo político. Pero a diferencia del pensador italiano, Girard ve en la víctima un punto de condensación entre lo sagrado y lo profano, entre lo divino y lo mundano y no una indistinción de las fronteras simbólicas que hacen a la excepción la regla. Este punto es, según su parecer, un lugar complejo en donde se observa la falta de toda definición política taxativa. En otros términos, Girard no soporta la ausencia de un criterio que opere sin miramientos. Sin embargo, ello no se inscribe en una suerte de defensa de la soberanía o de la decisión que la habilita, por el contrario, remite a una denuncia sobre las consecuencias de esta forma de organización en tanto redunda en la multiplicación de puntos violentos. Lo que ha fracasado es, en suma, la dimensión de condensación de los antagonismos sociales y su superación.

Esta crisis sacrificial del mundo moderno encuentra su antecedente primero en los relatos trágicos de la Antigüedad. En una obra como *Edipo rey*, Girard visualiza la misma indistinción que signa al siglo XX. El gran asunto que Sófocles expresó con su arte no es otro que el de la dificultad de discriminación de la violencia y la posibilidad de entender su responsabilidad. En consecuencia, no es relevante quién asesinó a Layo, pues todos los personajes de la trama –incluido el rey muerto– reaccionan con cólera, lo que permite subrayar la crisis del orden social. En un ambiente tan extremo, ya no existe forma alguna de entender qué es lo que distingue a los individuos, qué es lo discriminan a los buenos de los malos, a los inocentes de los culpables:

Al igual, pues, que en la tragedia griega, que en la religión primitiva, no es la diferencia, sino más bien su pérdida lo que ocasiona la confusión violenta. La crisis arroja a los hombres a un enfrentamiento perpetuo que les priva de cualquier carácter distintivo, de cualquier "identidad". (2016: 62).

Pero los griegos –continúa Girad– a diferencia de los modernos tenían a su *pharmakos*, esto es a su veneno y a su antídoto. Edipo es, de hecho, el *pharmakos* de Tebas, pero no por el parricidio o el incesto que comete, sino por su condición de "chivo expiatorio" (Girard, 1986). La comunidad lo figura como el culpable de la peste que la subyuga; por ello el héroe no es sacrificado, sino que elige él mismo la automutilación y el ostracismo[30].

La interpretación que presenta Girard sobre Edipo es relevante en tanto motoriza las diatribas disciplinares que rubrican a *La violencia y lo sagrado*. Girard hace de él un verdadero catalizador que no explica la conciencia individual como pretendía Freud, tampoco sus actos incestuosos cobra valor por la dimensión prohibitiva delineada por Claude Lévi-Strauss. Celoso de su lectura sobre este antiguo personaje, Girard advierte que no es ni el mito del neurótico ni el mito que da estructura al orden comunitario; Edipo es una figura que muestra una modalidad clave de lo social que, sorprendentemente para el propio Girard, no puede ser cabalmente corroborada por la historia. ¿Cómo documentar entonces al sacrificio como instancia primaria desde una visión que apela a la antropología-filosófica? En cierta medida, no se trata de un interrogante que atormente demasiado al autor –poco parece importarle la capacidad de contrastar su hipótesis cuestión que, en cierta medida, lo acerca a su discutido Freud y sus postulaciones sobre la horda primitiva–. No por casualidad discute explícitamente con las tesis que el vienés presenta en *Tótem y Tabú* [1913] afirmando que el asesinato del padre lejos está de dar inicio a la moral, a la religión y a la culpa, sino que es el sacrificio lo que en verdad los habilita.

Ahora bien, esto no explica efectivamente cuál es el origen de la violencia. Girard ensaya una respuesta sosteniendo que pro-

---

30. En el segundo volumen de esta indagación me referiré a la obra de Sófocles en vistas a proponer una lectura del secreto como marco necesario de lo político.

viene del elemento "mimético" (2016: 155) del deseo; solo por esta condición se explica la proliferación y el contagio que conduce. Así, Girard parece acercarse a los considerandos que Hegel formulara sobre el reconocimiento. No obstante, explicita su distancia con el filósofo alemán. Casi al pasar sostiene que no existe dialéctica posible entre deseo y violencia. Es interesante notar que Girard tampoco se adentra aquí en la enseñanza de Lacan, que informada por la obra de Alexandre Kojève (2013) sobre la *Fenomenología del Espíritu,* pensó al deseo como deseo del Otro. Parece que Girard solo quiere enfrentarse a Freud y señalar que él pudo retomar aquello que este pensador vienés desechó con muy poco tino. Según su parecer, la mímesis del deseo se asemeja al proceso de identificación advertido por el psicoanálisis; proceso que se funda sobre el modelo paterno y materno del complejo de Edipo y que conlleva una verdadera ligazón afectiva con el niño. Pero la gran distancia que remarca Girard –efectuando un claro reduccionismo de la obra freudiana– estriba en que nada de eso proviene del inconsciente del sujeto, tampoco de su singularidad, y mucho menos de una dimensión fantasiosa. La cuestión es eminentemente social.

Ahora bien, en *Clausewitz, en los extremos* algunas de estas reflexiones varían. En esta comunicación tardía, que recopila un diálogo con Benoît Chantre, Girard afirma que no se trata ya de regular la violencia, mucho menos de hacerlo como en las sociedades arcaicas, sino de impugnar completamente al sacrificio. Para ello propone que hombres y mujeres abandonen la mímesis del deseo y se identifiquen solo con aquel a quien verdaderamente deben seguir: Cristo. Únicamente la religión que toma a Jesús como estandarte puede superar la crisis sacrificial de la Modernidad y obturar la emergencia de la violencia en la Tierra. El cristianismo no habilita sacrificios ni los tolera, por lo que no se asemeja a la distancia que pudo establecer el judaísmo con el fallido sacrificio de Isaac (Hinkelammert, 1991a; 1991b). En los términos de Girard, si "lo religioso inventa el sacrificio, el cristianismo priva de ello" (2010: 51).

Así, el autor vuelve sobre sus pasos y aquello que pudo haber considerado en algún momento como una forma efectiva de regulación de la violencia, aparecerá juzgada como algo "satanizado" (2010: 11), contrario a lo sagrado y propio de la barbarie pagana.

Este retorno de la religión que propone tiene como contracara el fracaso evidente de la política: fracasó la política del sacrificio y fracasó la política de la soberanía. Girard considera que Karl von Clausewitz –a quien me remitiré al pensar la figura de la guerra– fue el primer autor moderno en advertir la escalada monumental de la violencia que marcaría a los siglos posteriores. El autor francés entiende a este militar prusiano de una manera bien distinta a Basil Liddell Hart (1960) –para quien Clausewitz no era más que un fanático– y Raymond Aron (1988) –quien lo veía como un racionalista–; a sus ojos, el hacedor de *De la Guerra* (1968) fue un agudo pensador que entendió la "escalada a los extremos", pero que abandonó estas certeras intuiciones debido a su ponderación de la conducción política de las hostilidades. Este juicio coincide con lo que Girard ya había formulado sobre la institucionalización de la venganza y la crisis sacrificial. En definitiva, todo ello ha colaborado en que la destrucción de la humanidad se vuelva una posibilidad certera en tiempos atómicos. Es por ello que citando a Schmitt, Girard cree que ya no se trata de gestar una política de lo excepcional o de habilitar una decisión que haga posible al derecho y a la vida; la violencia ha rebalsado toda norma. La mímesis del deseo debe permutarse por una mímesis con Cristo, quien con su muerte, con su propio sacrificio, buscó obturar la posibilidad de toda conflictividad en el mundo. Estamos en presencia de un Otro no barrado:

> Aceptando hacerse crucificar, Cristo hizo salir a la luz lo que permanecía "oculto desde la fundación del mundo": dicho de otro modo, esa fundación en sí, el asesinato unánime que se muestra a plena luz por primera vez en la Cruz. Para funcionar, las religiones arcaicas requieren el disimulo de su asesinato fundacional, que se repetía indefinidamente en los sacrificios rituales y protegía así a las sociedades humanas contra su propia violencia. Al revelar el asesinato fundacional, el cristianismo destruye la ignorancia y la superstición indispensables para esas religiones; permite pues el surgimiento de un saber anteriormente inimaginable. (2010: 15).

Girard confía, por tanto, en que "tarde o temprano", los hombres renunciarían "a la violencia sin sacrificio", de lo contrario "harán saltar por los aires al planeta; se los verá en estado de gracia o de pecado mortal" (2010: 51). De hecho, afirma que ha comenzado ya "el Apocalipsis" (2010: 298), verdadera oportunidad para que la humanidad efectúe un cambio en su modo de vida. Lo sagrado puede reaparecer decididamente signando al verdadero orden. En 2007, ya no existía imposibilidad alguna para Girard sencillamente porque lo real no era la violencia sino la religión; religión que debía reaparecer como la piedra angular de lo social, como el fundamento de una sociedad distinta a la moderna y a la sacrificial. Así, el plano mismo de la abyección tendería, por fin, a desaparecer.

En Agamben, en cambio, la figura del sacrificio ligada a lo sagrado no se presenta como lo contrapuesto a la soberanía, como su otro, sino como su fundamento. Desde su perspectiva, no se trata de la relación que establece con la verdad de origen, sino de la indeterminación que genera una forma bien específica de política que da lugar a una maquinaria de muerte.

Capítulo 4
Homini sacri

La reflexión de Agamben sobre el sacrificio conduce a una suerte de indistinción, lo cual no deja de ser aporético para el tópico de este libro. Es que en su crítica al paradigma político por antonomasia –a saber, el de la soberanía–, el pensador italiano arguye que se ha perdido ya todo criterio ordenador. Así, no estaría activo ese elemento que se presentó como sustancial para los discursos legitimadores del Estado que se sucedieron desde Hobbes en adelante. Sin embargo, no por ello Agamben se asemeja al decir de Girard; de hecho, lejos está de negar la política por su incapacidad de regular la violencia. Su perspectiva muestra, en cambio, que la soberanía se funda en extender la lógica de la abyección para borrar sus fronteras. Su poder reside, precisamente, en librar la vida humana a la indeterminación.

En este sentido, la soberanía aparece en sus escritos como un tipo de regulación simbólica que viene desarrollándose desde la Antigüedad hasta nuestros días. Para analizar tal derrotero, Agamben se retrotrae al *homo sacer* que es una peculiar figura del derecho romano. A partir de ella, indica que el presente se encuentra signado por el hecho de que todas las vidas humanas son potencialmente sagradas, es decir, sacrificables. Pero este sacrificio no remite a los rituales religiosos de antaño. El adentro y el afuera de la territorialidad, lo puro y lo impuro de las costumbres, la normalidad y la excepción del derecho, "el hacer vivir" y "el dejar morir" del que hablaba Michel Foucault se encuentran ahora confundidos.

Mi intención en el presente capítulo consiste en reparar con detenimiento en ese "todos" del que habla Agamben. Es necesario revisar las implicancias de una afirmación semejante que extiende la lógica de la abyección y que al mismo tiempo parece ponerla en jaque. Es que en sus distintos escritos, Agamben ofrece la descripción de un contexto en donde la soberanía muestra su cabal fundamento en el continuo de la muerte y de la vida, sin interrupción alguna. Es por ello que se debe reparar si algo queda velado en ese horizonte conceptual. Esta tarea se impone al pretender evaluar la potencialidad de pensar la abyección como una figura que alude a la falta propia de lo político; falta que, como he rastreado a partir de la relectura de Lacan sobre lo ominoso, debilita la dimensión imaginaria y la garantía del orden. Es menester resolver, entonces, cómo se sostiene un proceso que se basa en desdibujar los contornos y en establecerlos sin un criterio taxativo. En otras palabras, cómo se sostiene una indeterminación motorizada por el propio orden simbólico y si algo queda en él como lo no-degradado.

Para adentrarme en estas problemáticas me valdré del trabajo inaugural de la saga *Homo sacer –El poder soberano y la vida desnuda* [1995]– y de algunos escritos que la continuaron –principalmente *Estado de excepción* [2003] y, en menor medida, *Lo que queda de Auschwitz. El archivo y el testimonio* [1998]–. En todos se ofrece la misma hipótesis, sin embargo es en el primero de ellos donde Agamben remarca la especificidad del sacrificio[31].

Agamben inicia su obra de 1995 planteando los cánones de su abordaje. Es harto conocido el uso genealógico al que suele recurrir como método, el cual le permite poner de manifiesto la pregunta por la época actual y por las continuidades que se suceden en la historia. Se trata de una filiación indudable con el decir de Foucault. De hecho, en los primeros párrafos de su texto recupera explícitamente al autor de *Las palabras y las cosas*. Lo hace en vistas de expresar su objetivo de entender a la sociedad

---

31. Sorprende que, dada la vinculación temática, Agamben nada haya expresado sobre el decir de Girard.

    PODERES DE LA ABYECCIÓN

moderna en ese punto en donde "la especie y el individuo en tanto simple cuerpo viviente se vuelven la apuesta de sus estrategias políticas" (2018: 14). En ese marco, la categoría *"nuda vita"* o "vida desnuda" que ofrece responde a la articulación entre *zoé* y *bíos*; articulación ya advertida por los griegos siglo atrás y tematizada con nuevos bríos en la segunda mitad del siglo XX por Foucault. Como se sabe, el primero de estos términos remite a la vida como atributo común de los seres vivientes y el segundo a las formas específicas de vida[32].

Pero Agamben amplía sus tributos apelando a Arendt, cuyos aportes –señala él mismo– deben comprenderse en el horizonte biopolítico. De hecho, destaca las similitudes entre algunos de los interrogantes de la autora y aquellos que persiguió el propio Foucault. Así, en un trabajo como *La condición humana* [1958], Arendt habría comprendido cómo la decadencia de lo público se relaciona con el auge del ámbito privado, con sus evidentes nece-sidades y sublimaciones otrora restringidas al dominio del *oikos*. Precisamente en ese marco, Agamben ubica el sendero por el cual pretende avanzar. Señala su intención de hacer lo que Foucault no pudo por su temprana muerte, a saber, unir la pregunta por las tecnologías de dominación y sus dispositivos de normalización con la indagación sobre las "tecnologías del yo" o del "cuidado de sí" (Foucault, 1990). Dicho en los propios términos de Agamben, vincular el "modelo jurídico-institucional" y el "modelo biopolí-tico" en una reflexión sobre la contemporaneidad. En ese marco, su hipótesis reza que "la producción de un cuerpo biopolítico es la prestación original del poder soberano" (2018: 18)[33]:

> El ingreso de la *zoé* en la esfera de la *pólis*, la politización de la vida desnuda como tal, constituye el acontecimiento decisivo de la Modernidad, que marca una transformación radical de las categorías político-filosóficas del pensamiento clásico. Es probable, además, que el eclipse duradero que

---

32. Sobre la pertinencia de esta distinción, consultar: Borisonik y Beresñak (2012).

33. Para una revisión crítica de la noción de biopolítica, ver: Ludueña Romandini (2010). Me permito también remitir a un libro reciente del mismo filósofo argentino (2022) en el que la cuestión del sacrificio se rehabilita a partir del vampirismo y la licantropía. En él, Ludueña Romandini entrega una sugerente visión sobre el problema de la ontología y señala ya no el vacío, sino lo in-fundamentado.

hoy parece atravesar la política se deba precisamente a que ella no se ha medido con este acontecimiento fundante de la Modernidad. (2018: 15).

Según Agamben, desde los tiempos de Aristóteles se suceden diversos intentos por excluir la vida desnuda, a tal punto que sobre dicha "exclusión se funda la ciudad de los hombres" (2018: 20), es decir, en ella se despliegan los mecanismos que hacen de la abyección algo propio de lo social. Sin embargo, se trata de una exclusión que también incluye –podríamos llamarla por ende una "exclusión-inclusiva"– que no es otra cosa que el par conformado por "vida desnuda-existencia política" y por "*zoé-bíos*". Según el autor, "hay política porque el hombre es el viviente que, en el lenguaje, separa y se opone a sí mismo la propia vida desnuda y, a la vez, se mantiene en relación con ella en una exclusión inclusiva"; de hecho afirma que esta es la "categoría fundamental de la política occidental" (2018: 21) y no la célebre díada schmittiana amigo-enemigo. Se trata de entender, según su criterio, que la vida no solo se convirtió en el objeto de la política sino que lo que "está en cuestión" es "la vida desnuda del ciudadano", esto es, "el nuevo cuerpo biopolítico de la humanidad" (2018: 23)[34].

En su propuesta, Agamben se vale del sacrificio desde la propia noción de *homo sacer* –"oscura figura del derecho romano arcaico" (2018: 22)–, en el que aparece mencionado en un pasaje escrito por Festo, hace ya numerosos siglos:

> El hombre sagrado, en cambio, es aquel que el pueblo ha jugado por un delito; y no es lícito sacrificarlo, pero que lo mata, no será condenado por homicidio; de hecho en la primera ley tribunicia se advierte que "si algo lo matara a aquel que es sagrado por plebiscito, no será condenado como homicida". De aquí surge que suele llamarse sagrado a un hombre malo o impuro. (Festo en Agamben, 2018: 113).

Así, el *homo sacer* al que recurre Agamben para pensar todo un paradigma de lo político posee un carácter "ambivalente" y, más aún, expresa "el carácter particular de la exclusión doble en la que se encuentra apresado y de la violencia a la que se

---

34. Sobre la imbricación entre vida y poder en el pensamiento de Foucault y de Agamben, ver: Raffin (2008).

encuentra expuesto" (2018: 131). De hecho, "la vida desnuda" es "la vida *que se puede matar [uccidibile] y es insacrificable [insacrificabile]*" (2018: 21) al mismo tiempo. En suma, la vida que se incluye adopta la forma de una exclusión. Se trata, entonces, "de la absoluta posibilidad de recibir la muerte", cuestión que ofrece "la clave para develar los misterios, no sólo de los textos sagrados de la soberanía sino, más en general, de los propios códigos del poder político" (2018: 22). Esto resulta crucial para entender a Agamben, ya que en definitiva pretende discutir con Schmitt, quien a sus ojos es el veredero estandarte del discurso de la soberanía. En clara alusión a este jurista sostiene que:

> Lo decisivo es más bien el hecho de que, en paralelo al proceso por el cual en todas partes la excepción deviene la regla, el espacio de la vida desnuda que en su origen estaba situado al margen del ordenamiento, progresivamente coincide con el espacio político, y exclusión e inclusión, externo e interno, *bíos* y *zoé*, derecho y hecho entran en una zona de indistinción irreductible. (2018: 22).

Apelando a la crítica que Benjamin (2007b) le propinara a Schmitt (2009) en su escrito sobre el drama barroco alemán, Agamben (2010; 2018) afirma que el estado de excepción se ha convertido en regla. Es que a diferencia de lo que supo expresar este polémico pensador alemán en su *Teología política* [1922], para Agamben ya no se trata de la delimitación de un espacio que pone en riesgo al derecho y que en ese mismo proceso permite su realización, sino de un espacio en donde derecho y caos conviven. El estado de excepción como regla incluye a la vida para abandonarla a su indeterminación. De manera que no hay afuera del poder soberano, no hay exclusión de la vida que no haya sido incluida, no hay inclusión tampoco que no suponga exclusión. Nos encontramos, en todo caso, en el terreno al que hemos considerado como propio de la abyección, pero con el curioso agregado que esta forma delineada por Agamben conduce a una pura indeterminación que lejos de aludir la falta ontológica la suspende. ¿Cómo entender esta deriva?

Se sabe que Agamben (2014; 2018) encuentra en el campo de concentración un ejemplo ilustrativo de este proceso; proceso que escapa a los límites espacio-temporales que articulan el pensamiento decimonónico sobre la soberanía. Sin embargo, nada de esto deriva en la negación de este paradigma político, por el contrario, representa el signo de su cabal desarrollo. Así, la "ambivalencia" destacada por el *homo sacer* devela la estructura de poder originaria que culmina en los horrores de Auschwitz (Agamben, 2014).

En ese hombre sagrado que será sacrificado, pero que no puede ser asesinado por su misma condición que lo liga a lo divino, se ubica la coincidencia entre ambas instancias que conforman la base de la soberanía. La soberanía no se funda sobre el carácter sagrado de la vida, sobre la vida como derecho fundamental, ni se erige contra el poder de matar o contra todo tipo de arbitrariedad que amenace la existencia humana; la soberanía es "la sujeción a un poder de muerte" (2018: 132), mientras que el *homo sacer*, "fundamento primero del poder político", es "una vida que se pueda matar de manera absoluta y que se politiza a través de la propia posibilidad de recibir la muerte" (2018: 139). En ese marco, Agamben afirma que "la vida es sagrada solo en tanto está presa en la excepción soberana" (2018: 134).

Estos elementos se aclaran aún más en un pasaje capital en donde el propio autor señala que el sacrificio que implica el *homo sacer* "no es una fórmula de maldición religiosa que sanciona el carácter *unheimlich*, es decir, a la vez augusto y abyecto: al contrario, es la formulación política originaria de la imposición del vínculo soberano" (2018:135). Podríamos decir que al negar lo abyecto de este proceso, al negar –en términos freudianos– lo ominoso, lo íntimo que tensiona un orden de sentido, Agamben desconoce lo éxtimo de la ley; solo remarca los efectos de la indeterminación que produce y reproduce la lógica de la soberanía[35]. La excepción se ha convertido en regla. Poco después, desarrollará más acabadamente esta postura en otro de los volúmenes de la saga *homo sacer* (Agamben, 2010). Allí tomará como referencia las medidas adoptadas por el entonces presidente estadounidense

---

35. Agamben también se refirió a Émile Benveniste y a su consideración sobre el término *sacer* en sus indagaciones lingüísticas, sin embargo, como bien marca Milner (2003), su ambigüedad deviene menos de la indeterminación de sus significados que del establecimiento de límites. Pues las referencias pueden estar invertidas, pero su sentido opera al interior de una misma cultura.

George Bush tras los atentados a Las Torres Gemelas de 2001; medidas que, desde su matriz analítica, expresan un fenomenal despliegue biopolítico de un paradigma securitista de la guerra[36].

En consecuencia, existe una marcada solidaridad entre lo visibilizado por Agamben en 2003 y su argumento ya comentado de 1995. En ambos casos, el *homo sacer* evidencia que ya no se trata de hacer posibles determinadas condiciones de vida a través del derecho –como lo pretendía Schmitt siguiendo a Hobbes–, sino de hacer de lo excepcional la regla. Precisamente por ello, Agamben afirma que "si hoy ya no hay una figura predeterminada del hombre sagrado quizá es porque todos virtualmente somos *homini sacri*" (2018: 177). Pero, ¿cómo extender esta lógica de la abyección que parece prolongarse sin límite alguno borrando toda frontera? ¿Acaso esto no lleva a su propia puesta en jaque? O dicho de una manera distinta, ¿cómo pensar una indeterminación semejante que disuelve a la vez que extiende formas específicas del *homo sacer*?

Para aventurar una respuesta a tal dilema es preciso primero señalar que Agamben no sigue aquí el camino propugnado por Girard en su advertencia sobre el fracaso de la soberanía: desde su óptica, la soberanía permanece y aumenta su poder de indeterminación, de matar y de dejar vivir. Así, se alimenta de la crisis, es ella misma la crisis hecha orden. En otras palabras, que todos sean potencialmente *homini sacri* no conduce a la anulación de las diferencias como supo juzgar el pensador francés, sino a su establecimiento en el marco de una manipulación de todo criterio.

De todas maneras, Agamben persiste en su observancia de la indeterminación. Es lícito afirmar que su decir muestra la inseguridad de una forma específica de inclusión-exclusión que, en última instancia, decide no analizar del todo. Su perspectiva parece no reconocer que si todos son susceptibles de ser sacrificados, ¿quién es el que ejecuta este ritual? ¿O acaso se está en un estado de naturaleza similar al descrito por Hobbes o a la escena más cruda del politeísmo de los valores de Weber donde todos son posibles perpetradores y víctimas? Dado que no hay fuera de la soberanía, lo real aparece enteramente subsumido en el (des)

---

36. Sobre el particular: Laleff Ilieff (2014).

orden. Parecería ser una suerte de totalitarismo de nuevo tipo que ya no acciona en busca de cerrar la brecha entre lo público y lo privado (Arendt, 1974) y remitir a la contingencia a un fundamento inobjetable, sino de imponer la indeterminación. En otros términos, lejos de llenar el vacío –como indicaría Claude Lefort (2004)–, Agamben haría del vacío el verdadero orden, esto es, positivizaría la falta de todo orden al volverla fundamento, al eliminar la falta como falta.

Pero la indagación agambeniana prescinde de la pregunta schmittiana acerca del sujeto y la decisión. No la trata, puesto que solo quiere remarcar que la excepción se convirtió en regla. Esto es lo que lo lleva a presentar una renuncia sumamente cara para su teoría, pues la abyección queda bajo el orden de un arbitrio sin explicación, en el terreno de una teleología marcada por la oscuridad del *homo sacer* subsumiendo la historia al origen filológico de un término que no aparece cabalmente desplegado en el terreno político. Como bien expresó sobre este punto Laclau (2011), la perspectiva del italiano conduce a una suerte de nihilismo despolitizador que, sin embargo, se fundamenta en una politización exagerada producto del accionar de una soberanía sin rostro.

Por otro lado, en sus distintos escritos, Agamben señala una amenaza a la vida humana –sin distinciones y en general– desconociendo que existe una multiplicidad de formas de exclusión que están, al mismo tiempo, diferencialmente distribuidas. El "todos" del potencial sacrificio que devela la figura del *homo sacer*, es el síntoma de una indeterminación de su decir que bien vale la pena advertir, pues como diría Schmitt retomando las palabras de Pierre-Joseph Proudhon, "quien dice humanidad quiere engañar" (1984a: 51). En cierta medida, Agamben no puede escapar de la tarea infinita de documentar formas de sacrificio. Esto que puede tener su valor específico, no puede ser el toque de queda de una reflexión sobre el campo simbólico. De allí que me proponga aquí explicitar el motivo por el cual el orden mismo se encuentra agujereado, el motivo por el que no es sin hiancias, sin procesos de politización y de despolitización que se suceden continuamente. En ese marco, lo abyecto es un elemento fundamental para entender el soporte imaginario que permite el anudamiento entre lo real y lo simbólico (Lacan, 1974-1975), y va más allá de la distinción entre lo normal y lo anormal (Canguilhem, 1971), pues da cuenta del vacío que permite mostrar la variabilidad de esas mismas distinciones.

En este sentido es que sugiero que la operación discursiva agambeniana está motivada por una preocupación bien específica y encubierta. Es que si bien se posiciona como un fenomenal crítico de la soberanía, pareciera solo limitarse a ensayar una mera defensa del Estado de Derecho europeo, esto es, una defensa de la formalidad de un dispositivo jurídico que consagró cierto tipo y nivel de vida y que abonó un umbral de despolitización que caracteriza a la época actual de los países del hemisferio norte. Es por tanto sintomático que cuando Agamben se refiera a una indeterminación que amenaza a los seres humanos en su conjunto no deja indicada la variabilidad misma de la abyección[37]. Probablemente por considerandos como estos es que en su trabajo específico sobre el estado de excepción señale que existe una suerte de actividad posible para intentar quebrar este despliegue sin fronteras de la soberanía. Y aunque no agregue mucho más, lejos de decantarse por el restablecimiento del Estado de Derecho liberal o por su entera deposición –como podría derivarse de la obra de su admirado Benjamin–, consigna que se trata de "interrumpir el funcionamiento de la máquina que está conduciendo a Occidente hacia la guerra civil mundial" (2010: 156). Así, solo queda la tarea de entender cuándo se deben interrumpir los ciclos de instauración y de deposición de la soberanía; es decir, una suerte de decisión (a)política reducida a la esfera del individuo despolitizado.

Tiempo atrás algunos de estos problemas habían sido advertidos por Schmitt. Para entender a este polémico autor en toda su actualidad, es menester dejar de lado ciertos prejuicios que anulan la observancia de algunos de los matices más sugerentes de su decir. Con la figura de la guerra y del partisano mostraré que Schmitt mismo dejó abierta la posibilidad de comprender cómo lo real agujera al propio concepto estructurante de la vida política.

---

37. En este sentido, como bien da cuenta Butler (2010), son los marcos de reconocimiento los que operan en la delimitación de las vidas que merecen ser lloradas o en las temáticas que merecen ser atendidas.

— TERCERA PARTE —
La guerra

Capítulo 5
El enemigo

Si se retoma parte de lo expresado en los capítulos precedentes, se podrá recordar que Girard revalorizó la dimensión religiosa de lo social, ubicó al sacrificio como su acto fundacional e indicó su capacidad de regular la violencia social. Así, denunció al dispositivo jurídico moderno en tanto generador de una crisis de las diferencias al absolutizar la igualdad individual. Sin embargo, hacia el final de su vida, dejó de creer completamente en la posibilidad de administrar la violencia; de allí que ponderara el diagnóstico de Clausewitz sobre el carácter extremo de la conflictividad y negara, como contrapartida, cualquier tipo de mediación política. Desde la perspectiva de Girard, lo único deseable era la eliminación de toda violencia, una suerte de eximición absoluta de cualquiera de sus vestigios. Para ello, los seres humanos debían identificarse completamente con Cristo. El problema sobre el origen violento de lo social que la Modernidad intentó velar podía ser definitivamente resuelto. Con una modulación semejante, que implicaba el retorno de lo religioso o su realización completa, Girard pasó a negar lo real de todo orden. Agamben, en cambio, tomó al sacrificio de un modo distinto. Sin embargo, las consecuencias teórico-políticas de lo dicho por estos dos autores no son del todo inconmensurables. Es cierto que el italiano conectó lo sagrado y lo profano planteando una indeterminación en la soberanía, pero esa indeterminación la juzgó constitutiva de ella. El sacrificio no aparece en su obra como algo contradictorio con la Modernidad; tampoco como una mera institución del pasado, ya que su despliegue continuaría hasta nuestros días. La marca del *homo sacer* devela y explica, según Agamben, la arista teológico-política aún imperante. La vida no sería ya un objeto que deba ser resguardado y protegido de las arbitrariedades del poder; el poder consiste, desde esta óptica, en dejar a la vida en la indeterminación. Agamben vio en esto la permanencia de un modelo que hace de la excepción la regla[38], lo que a su vez le permite afirmar que se ha ido desplegando un borramiento de las fronteras sociales a tal punto que lo real se vuelve un real enteramente manejable.

En este punto se distinguió de lo postulado por un autor como Benjamin. Es que su preocupación terminaría siendo bien distinta a la del autor de *Para una crítica de la violencia* al formular una diatriba contra la tendencia que amenaza a ciertas garantías jurídicas propias del horizonte democrático-liberal. A eso Agamben le sumó una suerte de negación de la falta que corroe a todo orden. Para Benjamin, en cambio, la abyección era el problema, o mejor, la existencia misma de una falta en lo simbólico; por ello la única solución posible consistía en suspender el orden humano en su totalidad. De allí que en mi lectura de su texto sobre la violencia haya juzgado a su empresa teórica como una empresa impolítica. Sumado a estos elementos es menester recordar también que los procesos de exclusión-inclusión que menciona Agamben solo podrían ser atendidos coyuntural y retrospectivamente. Sus coordenadas, en cierta medida, no permiten ver con claridad que la exclusión política que posibilita toda inclusión es siempre imposible, es siempre abyecta. En los términos que propongo, el suyo es un pensar que no entiende la falta. La indeterminación entre el adentro y el afuera, entre la norma y la excepción, es su expresión, esto es, la no-hiancia desde la hiancia. Por ello es que en Agamben no hay afuera de este proceso. Para decirlo metafóricamente –¡como no hacerlo de otro modo!–, lo político se figura como algo que tiene a lo real en el bolsillo. Su decir, en

---

38. Sobre la noción de "paradigma" en la obra de Agamben y su debate con Schmitt, véase: Taub (2013).

este punto, se asemeja al de Girard en tanto, para ambos, el orden no deja nada afuera.

Ahora bien, al abordar las tematizaciones schmittianas daré cuenta de las fronteras sociales que todo agrupamiento genera y de su sin-sentido. Comenzaré, para ello, reponiendo los fundamentos de lo político que Schmitt esboza en el período de entreguerras para luego, en el capítulo siguiente, conectarlos con su indagación acerca de la figura del partisano. El resultado de esta tercera parte de mi recorrido permitirá mostrar la falta que corroe y posibilita al propio campo de lo político; también me permitirá avanzar en el encuentro de la metáfora del Uno, con sus escisiones y no-relaciones. Quisiera remarcar aquí que Schmitt –el pensador "paradigmático" de la soberanía– es también el pensador que mejor permite indicar su fracaso y no solo el fracaso de la estatalidad como su forma característica, sino más aún, el fracaso del campo mismo de lo político.

Como es harto conocido, dicho pensador fue siempre sensible al vínculo política-guerra. Desde su perspectiva, lo bélico servía para revelar el carácter complejo de la vida social y las tribulaciones de la propia distinción amigo-enemigo, clave en sus formulaciones. Como buen lector de Clausewitz, entendió los inconvenientes que signaban la articulación entre orden y violencia. De hecho, su aproximación al prusiano revaloriza el indeleble signo político de toda conflagración armada, de allí que lo considerara un pensador político (Schmitt, 1969) y no simplemente un pensador militar. Esto permite comprender que ya en Clausewitz se manifestó, aunque en ciernes, el problema de la decisión schmittiana, pero en el sentido en el que se revelará con el partisano, tópico que si bien fascinó al militar prusiano –tal como indicó Schmitt– jamás lo ubicó dentro del problema de la guerra civil –cuestión no abordada por el general–, sino en relación con la defensa del propio territorio ante una invasión. En este sentido, en las páginas de *De la guerra* se indica que lo real de la violencia no resulta tan fácil de condensar por el mando político o militar. De hecho, la visión clausewitzeana parte de negar que la guerra sea un ejercicio geométrico, estático o pasible de imprimirle una voluntad sin más, como si no contara la contingencia. Se trata, en verdad, de un fenómeno complejo, enraizado en la sociedad, profundamente político, pero que posee su propia naturaleza y guarda algo inasible. Es que incluso el líder militar, quien según Clausewitz debe mediar entre el pueblo y la esfera de las decisiones políticas –en eso que denominó la "trinidad" de la guerra–, debe toparse siempre con el azar o la contingencia, y con el desborde que producen –como factor sustancial– las "fuerzas morales", es decir, los afectos. El mismísimo Napoleón, a pesar de todo su genio, no comprendió cabalmente lo real de la contingencia. De allí que la complementación entre gramática de la guerra y lógica de la política se constituya en todo un conjuro al desborde bélico o a la militarización de la política. Clausewitz, además, entendió a la guerra como una forma de doblegar –y no de aniquilar– a la voluntad del enemigo:

> La guerra es, pues, un acto de fuerza para obligar al contrario al cumplimiento de nuestra voluntad (...) La energía, es decir, la energía física (pues energía moral no existe fuera de los conceptos de Estado y de ley) es el medio; someter al enemigo a nuestra voluntad, el fin político. Para conseguir este fin tenemos que dejar indefenso al enemigo; y éste es, conforme con nuestro concepto, el fin propio de la acción guerrera. Éste representa al fin político y lo sustituye en cierto modo como a algo no perteneciente a la guerra misma. (Clausewitz, 1968: 28).

Un pasaje como el recién citado remite a la famosa sentencia que reza que "la guerra es la simple continuación de la política con otros medios" (Clausewitz, 1968: 51); sentencia que se ha convertido en un verdadero *dictum* y que ha potenciado la fama de su creador, como también obturado el estudio certero de su obra (Aron, 1988). Más allá de ello, lo que quisiera retener aquí de ambos extractos citados es que Clausewitz, como pensador político y pensador militar, se preocupó por contener lo que era incontenible, aunque no en el sentido indicado por Girard.

Si bien su decir lejos está de habilitar la "Guerra Total", esto es, aquella concepción arraigada en la cultura militarista prusiana de principios del siglo XX, que aparecerá esgrimida por el general alemán Erich Ludendorff (1936) tiempo después, su noción de "Guerra Absoluta" se ha prestado a ciertos equívocos. Sin embargo, en *De la guerra*, aparece como hipótesis de la razón con la que se indica, precisamente, cierto límite. La "Guerra Total" de Ludendorff, en cambio, se presentó como una necesidad de época que tendía a superar el límite propio de la política. Ludendorff, quien terminaría apoyando fervientemente al nazismo, apostaba por la plena subordinación de la política a los imperativos bélicos; por ello es que consideraba que "todas las teorías de von Clausewitz" debían "ser reemplazadas". En su decir, "la guerra y la política sirven a la conservación del pueblo, pero la guerra queda como la suprema expresión de voluntad de la vida racial" (Ludendorff, 1964: 21).

En un conocido ensayo de 1930, Ernst Jünger supo argumentar sobre el verdadero problema de la totalización: la Primera Guerra expresó un fenómeno imparable. El imperio de la técnica, que describiría poco después en detalle –más específicamente en *El trabajador* [1932]–, le imprimía un tono novedoso y disruptivo a las nuevas contiendas. Por ello es que durante las hostilidades las naciones agotaban todos sus recursos –materiales y humanos– en el frente de batalla. En ese marco, todo se movilizaba con el objeto de satisfacer las necesidades de las trincheras:

> De igual manera que toda vida alumbra ya también, al nacer, el germen de su muerte, así la salida a escena de las grandes masas implica una democracia de la muerte. Tenemos ya a nuestras espaldas la edad del tiro de precisión, del tiro disparado a un blanco individual. El jete de una escuadrilla aérea que desde las alturas nocturnas da la orden de efectuar un ataque con bombas no conoce ya ninguna distinción entre combatientes y no combatientes, y la mortífera nube de gas es algo que se propaga cual un elemento sobre todos los seres vivos. La posibilidad de tales amenazas tiene como presupuesto, empero, no una movilización parcial ni una movilización general, sino una movilización total, la cual se extiende hasta el niño que yace en la cuna. (2003:100).

En la edición de *El concepto de lo político* de 1932, Schmitt tomó de su amigo Jünger la noción "movilización total" con el objeto de dar cuenta de un cambio sustancial en la configuración del Estado. Esto es importante, ya que permite ver en qué medida Schmitt compartía con el decir que expresaba Ludendorff la caracterización de la guerra como un fenómeno existencial de la comunidad sin por ello dejar de ponderar la sustancial labor de mediación política refrendada por Clausewitz. A tal punto que años después, y en plena disuasión nuclear, verá en el partisano una expresión de lo político[39].

En el mencionado texto que apareció por primera vez en 1927, Schmitt da cuenta que el concepto propio de lo político no puede definirse a través del Estado, pues el Estado no es más que una forma histórica determinada, mientras que lo político es constitutivo de la existencia, siempre esquivo ante los intentos de circunscripción. Schmitt advierte que así como existieron regímenes de gobierno en las *polis* griegas y autoridades feudales en el Medioevo, la Modernidad gestó al Leviatán. Es por ello que nada asegura que esta sea la última forma que asumirá lo político en la historia. Sin embargo, asumiendo esta variabilidad, la indagación schmittiana no podía prescindir del Estado precisamente

---

39. En "Enemigo total, Guerra total, Estado total" de 1937, Schmitt planteó cómo se articularon los conceptos que figuran en el título del artículo. Expresó que ello fue posible gracias a Clausewitz, la literatura francesa sobre la primera guerra, los comités de desarme de Ginebra, el fascismo, Jünger y Ludendorff. En ese marco, admitió que la fórmula "guerra total" era "muy acertada", pero alertó que bien podía terminar como esas "expresiones" que se vuelven "de uso corriente" y se reducen "a pautas sumarias" (2001: 141); de allí que intentara precisar en qué medida la guerra asume una dimensión "total" y se coaliga con una "enemistad total" y con un "Estado total". A diferencia de lo que parece sugerir Fernández Vega (2005) en su magnífico estudio, se podría conjeturar que en este breve escrito schmittiano Clausewitz aparece asociado a Ludendorff y, de esa forma, ligado al belicismo de la época. El polémico jurista lo habría hecho propinándole una crítica al militar prusiano, pues "la teoría continental de la guerra total, con Clausewitz como su principal representante, se desarrolla sobre todo como teoría de la guerra terrestre" (2001: 143), desconociendo la importancia de la guerra naval y no pudiendo, claro está, abordar la novedad de la dimensión aérea –el propio Schmitt volverá sobre estos puntos espaciales en *Tierra y mar* [1942] y *El Nomos de la tierra* [1950]–. De manera que la teoría de la "guerra total" de Clausewitz no sería tan "total" como se cree, y no solo por límites conceptuales en lo militar, sino también por cuestiones de historia política. Es que en definitiva, Schmitt buscó remarcar la enemistad entre Inglaterra y Alemania y el desarrollo que la primera de estas naciones poseía en términos navales. Para ambos objetivos, Clausewitz resultaba insuficiente. Hacia el final de este escrito, Schmitt remarca, con cierta ambigüedad, la dimensión existencial del enemigo rozando, sin embargo, la esencialización contraria a su propio concepto de lo político: "la peor desgracia sólo se da cuando la enemistad surge del conflicto, como sucedió en la guerra de 1914-1918, en lugar de que –como sería correcto y razonable– una enemistad auténtica y total preexistente e irrevocable produzca el juicio divino de la guerra total" (2001: 146).

porque su discurso se insertaba en esa diferencia, ya advertible, entre lo político como espacio instituyente y la política como dimensión articulable.

De todos modos, en pleno período de entreguerras, Schmitt señala que el Estado había mutado. En las primeras décadas del siglo XX, la contraposición del Leviatán con la sociedad civil burguesa poco parece importar; mucho menos la compartimentación entre los distintos dominios de la cultura que supo analizar su admirado Weber. Desde su visión, todas las esferas de la vida aparecían susceptibles de politizarse precisamente porque ya nada quedaba por fuera del dominio estatal. Y ello porque todo remitía a la existencia de un pueblo, a su vida concreta, y era esa misma existencia la que aparecía puesta en trance por la dinámica mundial:

> La equiparación de "estatal" y "político" es incorrecta y errónea en la misma medida en que Estado y sociedad se compenetran recíprocamente y todos los asuntos hasta entonces "solo" sociales se convierten en estatales, como ocurre necesariamente en una comunidad organizada de tipo democrático. Entonces todos los sectores hasta ese momento "neutrales" –religión, cultura, educación, economía– cesan de ser "neutrales" en el sentido de no estatales y no políticos. Como concepto polémicamente contrapuesto a tales neutralizaciones y despolitizaciones de sectores importantes de la realidad aparece el Estado total propio de la identidad entre Estado y sociedad, jamás desinteresado frente a ningún sector de la realidad y potencialmente comprensivo de todos. (Schmitt, 1984a: 19).

Nacía entonces el Estado total, forma política que se prolongaba sobre distintas arenas de la vida social manteniendo la distinción entre lo público y lo privado[40]. Su emergencia, para Schmitt, se produjo tras la crisis del capitalismo de 1930 con la mayor intervención gubernamental en la economía. En este contexto, tan propio de las masas, Schmitt procuró destacar que el concepto de lo político tenía su especificidad y que iba más allá de lo moral, de lo estético o de lo económico. Así, no se trataba,

---

40. Sobre el particular, consultar: Laleff Ilieff (2015c).

según su parecer, de lo bueno y de lo malo, de lo bello y de lo feo o de lo rentable y de lo no rentable; lo político adquiere su sentido específico en una contraposición de carácter existencial, a saber, en la relación amigo-enemigo.

Si en *República* el Sócrates platónico advierte que la justicia no puede ser definida desde una contraposición como la de amigo-enemigo en cuanto resulta variable, en *El concepto de lo político* ese rasgo se eleva a primordial. Este gesto schmittiano debe ser leído como un camino que indica la hiancia misma de lo simbólico –y que recupera esa no-relación entre lo político y el Estado–, pero también como un aspecto que remarca la oquedad misma de toda conceptualización, inclusive de su conceptualización amigo-enemigo. Esto tiene otras consecuencias sobre la que cabe detenerse: para Schmitt, no hay nada de lo político que remita a una esencia o a un principio de imputación primario. Su articulación es siempre contingente como también lo son sus manifestaciones:

> El criterio de la distinción amigo-enemigo no significa tampoco que un determinado pueblo deba ser por la eternidad el amigo o el enemigo de otro determinado pueblo, o que la neutralidad no sea posible o no pueda ser una elección políticamente válida. Sólo que también el concepto de neutralidad, como todo otro concepto político, está dominado en todo caso por este presupuesto final de una posibilidad real del reagrupamiento amigo-enemigo. (1984a: 31).

En otras palabras, "el enemigo es simplemente el otro, el extranjero" (1984a: 24), es siempre "enemigo público" (1984a: 25). El concepto de lo político, por ende, no sustancializa los modos en que se manifiesta, solo destaca su carácter estructural. El enemigo es el "extranjero" por ser extraño a la forma de vida comunitaria. Así, Schmitt encuentra en él a un otro que goza de la condición de politicidad. En un mundo sin un actor por sobre los actores soberanos, en un planeta sin una supra-autoridad –ya que la Sociedad de las Naciones y todo régimen semejante es, para Schmitt, una extensión de las potencias–, la guerra es el modo último, pero específicamente político, de resolver aquellos diferendos entre unidades soberanas. Es por ello que el destino de una sociedad queda reservado en su intención y capacidad de defender su autonomía: "lo 'político' no desaparece del mundo por el hecho de que un pueblo no tenga ya la fuerza y la voluntad de mantenerse en la esfera de lo 'político': desaparece simplemente un pueblo débil" (1984a: 49).

Así, la guerra es un momento que elucida lo político al denotar por qué existen formas siempre distintas de habitar al mundo. Para Schmitt, nada de esto hace que su propia conceptualización se encuentre teñida de belicismo. El criterio amigo-enemigo solo exige, según sus propias palabras, que la lucha mortal permanezca "como posibilidad real" (1984a: 30). De manera que lejos está de asimilarse a lo propugnado por Ludendorff allí cuando este general negaba el rol mediador de la política, pues en verdad hay política porque el mundo no es sin esas mediaciones, o mejor, el mundo *es* esas mediaciones:

> La definición aquí dada de "político" no es ni belicista ni militarista, ni imperialista, ni pacifista. Ella no representa siquiera un intento de elevar la guerra victoriosa o la revolución lograda a "ideal social", puesto que guerra o revolución no son nada de "social" ni de "ideal". La misma lucha militar, considerada en sí, no es la "continuación de la política por otros medios", como se atribuye, de modo extremadamente incorrecto, a la famosa máxima de von Clausewitz, sino que tiene en cuanto guerra, sus reglas y sus puntos de vista, estratégicos y tácticos y de otro tipo, que sin embargo presuponen toda la existencia previa de la decisión política acerca de quién es el enemigo. (1984a: 30).

La relevancia de *El concepto de lo político*, gestado en el particular horizonte de entreguerras, estriba en que abre la puerta, como ningún otro escrito, a tematizar sobre la falta que corroe a lo político. Pero para entender esto cabalmente es menester pasar, precisamente, de la problemática de la guerra externa a la cuestión de la guerra interna. Schmitt mismo realizaría este pasaje posteriormente a partir de la distinción que figura ya en su célebre trabajo: "la guerra es lucha armada entre unidades políticas organizadas, la guerra civil es lucha armada en el interior de una unidad organizada" (1984a: 29). El partisano será la figura que utilizará para pensar la diferencia entre una y otra modalidad bélica, para pensar lo que no había pensado sobre lo político. Allí, precisamente, es donde resulta posible ubicar la dimensión real de su propia conceptualización.

Ahora bien, retomando lo dicho, toda comunidad se funda sobre una exclusión y esa exclusión no se reduce a la enemistad. Se podría decir que existe una exclusión que interroga todas las exclusiones, no por ser primera, sino por ser abyecta, por emerger en el lugar de la falta que alumbra la debilidad de toda decisión que se precia de ser taxativa, que habilita la normatividad. El enemigo es solo una suerte de exterior constitutivo cuya función deviene clave para la propia identidad, para su constitución siempre precaria, especular, para la gestación de una frontera estructural que demarca un adentro y un afuera que son siempre porosos[41]. Ese otro que es el enemigo para Schmitt aparece bien ilustrado en el siguiente extenso pasaje de *Ex Captivitate Salus* [1950] –íntimo escrito confeccionado por el autor durante sus horas carcelarias debido a su colaboracionismo con el nacional-socialismo–:

> ¿Quién es mi enemigo? ¿El que me alimenta en la celda? Incluso me viste y me hospeda. La celda es el vestido que me dona. Me pregunto: ¿quién puede ser mi enemigo y quién puede serlo de una manera tal que le reconozca como enemigo, e incluso tenga que reconocer que él me reconoce como enemigo? En el reconocimiento recíproco del reconocimiento está la grandeza del concepto. Es poco apto para una época de masas con sus seudoteológicos mitos de enemigo. Los teólogos tienden a definir al enemigo como algo que hay que aniquilar. Pero yo soy jurista y no teólogo.
>
> ¿A quién puedo reconocer como mi enemigo? Solamente a aquel que pueda ponerme en trance conmigo mismo. Al reconocerle como enemigo admito que puede ponerme en trance. ¿Y quién puede realmente ponerme en trance? Solamente yo mismo. O mi hermano. Efectivamente. El otro es mi hermano. El otro se muestra como mi hermano, y mi hermano se muestra como mi enemigo. Adán y Eva tenían dos hijos, Caín y Abel. Así comienza la historia

---

41. Siguiendo a Jorge Alemán (2010) es posible afirmar que Freud, en su respuesta a Einstein, supo mostrar la relación entre ambivalencia y guerra, en tanto esta es el intento más acabado por cancelarla. En el próximo capítulo demostraré que en el propio decir schmittiano este intento se revela como ilusorio.

de la humanidad. Este es el aspecto que tiene la madre de todas cosas. Esta es la tensión dialéctica que tiene en movimiento la historia universal, y la historia universal aún no ha terminado.

> *Der Feind ist unsere eigne Frage als Gestalt*
> [El enemigo es la figura de nuestra propia pregunta][42]
>
> Cuidado, pues. No hables a la ligera del enemigo. Uno se clasifica por sus enemigos. Te pones en cierta categoría por lo que reconoces como enemistad. Es fatal el caso de los destructores que se justifican con el argumento de que hay que aniquilar a los destructores. Pero toda destrucción es autodestrucción. El enemigo, en cambio, es el otro. Recuerda las grandes frases del filósofo: La relación a sí mismo en el otro, esto es lo verdaderamente infinito. La negación de la negación, dice el filósofo, no es neutralización, sino que de esto depende lo verdaderamente infinito. Lo verdaderamente infinito es el concepto fundamental de su filosofía.
>
> Ay de quien no tenga amigo, porque su enemigo le hará justicia.
>
> Ay de quien no tenga enemigo, porque yo seré su enemigo en el juicio final. (2010a: 77).

Como se puede apreciar, en el enemigo la propia identidad se reconoce y se constituye. Solo interiorizando la diferencia que el otro supone se forja la propia elección, la propia forma de vida. Aniquilar al enemigo –como pretendería, según Schmitt, el marxismo con los propietarios de los medios de producción y el liberalismo con todos aquellos que no replican los ideales del mundo burgués– implicaría negar la diferencia y, de esa manera, negar lo político en tanto tal; en suma, hacer del enemigo un disvalor.

Desde la perspectiva schmittiana, entonces, al interior de la comunidad se deben gestar instancias de despolitización; espacios que consagren la heterogeneidad, aun cuando todo agrupamiento establezca una marca identitaria a partir de una diferencia con un otro –un enemigo– y presuponga cierta homogeneidad (Schmitt, 2008). Esto, en cierta medida, va más allá de la distinción entre

---

42. Se trata de un extracto del poema de Theodor Däubler intitulado "Sang an Palermo" presente en Hymnan Italien de 1919.

"lo político" existencial y "la política" coyuntural de los partidos
–a pesar de que Marchart (2019) mostró muy bien lo inexorable
de esta vinculación–. Más bien, entiende la importancia de una
despolitización para la defensa de lo político y su mentada estructura de poder, de jerarquías, de espacios delimitables al interior de
su campo de acción. Es importante notar que debido a los rasgos
de su contexto epocal a Schmitt le preocupaban especialmente
los grupos indirectos que operaban como representantes de la
sociedad quebrando la unidad de la forma política. De hecho,
fiel a su admirado Hobbes, en diversos escritos de su autoría,
sostuvo que el Estado tiene como principal función cancelar la
guerra civil y, por tanto, garantizar la vida en común. Esta labor
Schmitt la ubica ya en la propia constitución del Estado durante
los siglos XVI y XVII, siglos de sangrientos diferendos religiosos
y confesionales. Es por ello que, tal como afirma, el Leviatán se
confeccionó como un verdadero instrumento de pacificación. Sin
embargo, en tiempos de la movilización total, como el que signó
a la Gran Guerra, el Estado sufrió una modificación sustancial:

> El Estado como unidad política decisiva ha concentrado en
> sus manos una atribución inmensa: la posibilidad de hacer
> la guerra y por consiguiente a menudo de disponer de la vida
> de los hombres. En efecto, el *jus belli* contiene una disposi-
> ción de este tipo; ello implica la doble posibilidad de obte-
> ner de los miembros del propio pueblo la disponibilidad a
> morir u a matar, y la de matar a los hombres que están de
> parte del enemigo. (1984a: 42).

Desde la óptica schmittiana, Hobbes sostuvo que los hombres
pactan entre sí enajenando su derecho natural a defender la vida
en vistas a salir del estado de guerra de todos contra todos, lo que
conlleva la gestación del vínculo protección-obediencia. Pero llegado el momento de la guerra inter-leviatanes, los súbditos bien
pueden negarse a combatir, puesto que el miedo a la muerte violenta fue lo que los llevó precisamente a enajenar su prerrogativa
innata. Sin embargo, dado el carácter absoluto de la soberanía, el
Leviatán, para Hobbes, conserva la potestad de ajusticiar a esos
individuos que, con sus accionares díscolos, rompen el contrato

     Poderes de la abyección

social y ponen en peligro a todos los integrantes de la comunidad[43]. En conclusión, en Hobbes no hay retracción de la soberanía.

Para Schmitt, en cambio, el siglo XX ha negado de raíz tal dilema. Para decirlo más claramente, la comunidad no entiende de individuos que se consideren por fuera de ella, que se figuren como seres aislados o que enarbolen un derecho natural. En este sentido, el eco de Ludendorff –o de cierto militarismo prusiano– parecería resonar muy fuerte en la pluma del jurista de Plettenberg. La radicalización schmittiana de la soberanía encuentra en el horizonte epocal de entreguerras la llave para hacer del individuo un miembro de la comunidad y no un ser aislado que antepone su interés privado al público. Se trata de una visión sobre el individuo distinta a la típicamente liberal, pero no necesariamente contradictoria con todos los presupuestos de esta corriente que son, desde ya, los presupuesto de la Modernidad. Tal como he dicho, Schmitt consideraba necesario despolitizar lo social para politizar al Estado. Esto es lo que lo lleva a hacer explícita su distancia con el contractualismo de Hobbes y esto es lo que lo acerca a la noción de poder constituyente de Sieyès: el Estado nace de la decisión de un pueblo de defender su forma de vida.

Tal subsunción del individuo coincide con la importancia que en el mundo alemán poseía una noción como la de comunidad (*Gemeinschaft*); noción tan cara para la teoría social de Ferdinand Tönnies (1947) y Max Weber (Álvaro, 2015), para la *Filosofía del Derecho* [1821] de Hegel y para el debate filosófico de la época (Losurdo, 2003). De hecho, en *El concepto de lo político*, la comunidad se afirma, sobre todo, a partir de lo expresado en una sugerente nota al pie en donde solo se citan las siguientes palabras de Emil Lederer –académico judío ligado a Weber– pronunciadas en los preparativos de la Primera Gran Guerra: "podríamos decir que, el día de la movilización, la sociedad existente hasta entonces se transformó en una comunidad" (1984a: 41)[44].

---

43. Sobre la problemática de la resistencia en Hobbes: Fernández Peychaux (2013).

44. Para mayores precisiones sobre el tópico de la comunidad como clave de lectura del pensamiento schmittiano, consultar: Laleff Ilieff (2015a; 2015b; 2018; 2019).

En este sentido es interesante observar que Schmitt no niega a la sociedad moderna a partir de una dimensión propia de la naturaleza –en esto también se distancia de los románticos[45]–; tampoco responde a cierto dejo "aristotelizante" y "neo-escolástico" (Dotti, 2014: 37). En verdad advierte que "sociedad" y "comunidad" conviven en tensión, pues como bien aparece delimitado incluso en el momento teológico-político de su pensamiento, la Modernidad inaugura una legitimidad desde abajo que no puede negarse, muy a pesar de proyectos contrarrevolucionarios como el de Donoso Cortés. Esto muestra que incluso en la dimensión comunitarista del decir schmittiano no habita una perspectiva esencialista de lo político. Es como si Schmitt apelara a la comunidad remarcando una dimensión mítica que, como toda dimensión de esa naturaleza, condensa la falta y permite vivir con ella, suturarla. De allí que remarque que es la comunidad la que se da para sí una forma de vida y, por tanto, que al querer preservarla gesta una forma política destinada a defenderla.

Por tanto, ambas construcciones sociales –la propiamente societal de la Modernidad y la comunitaria que pretende religar al individuo con el todo en el que vive– sobreviven en el decir schmittiano en una distancia evidente. De allí que al volver a la cuestión de la guerra, lo social con su dimensión volitiva se subsuma a un todo que la abriga y que aparece como anterior a ella:

> En verdad no existe ninguna "sociedad" o "asociación" política, sino sólo una unidad política, una "comunidad" política. La posibilidad real del reagrupamiento amigo-enemigo es suficiente para constituir, por encima del simple dato asociativo-social, una unidad determinante que es algo específicamente distinto y al mismo tiempo decisivo en relación con las demás asociaciones. (1984a: 41).

El problema que analizará Schmitt tiempo después, y que incluso presentará como "Notas complementarias a *El concepto de lo político*" [1963], no es otro que el derivado de esta tensión y sus ecos al interior de la unidad política, es decir, no es otro que ese momento en el que se fractura el campo de representación, ese momento en el que toda identificación aparece puesta

---

45. Tal como lo hizo en 1919 en *Romanticismo político.*

en trance. Sin embargo, al hacerlo con el partisano Schmitt no replicará sus consideraciones pasadas; la guerra no deja de ser nunca una oposición existencial. El punto es que las llevará a cierto límite que alude a la falta misma que acarrea lo político, a cierta oquedad donde las fronteras se revelan como imposibles, donde la decisión no puede hacer completamente de ese otro su enemigo, como tampoco un mero criminal porque no hay fundamento, hay pura imposibilidad, hay abyección.

Capítulo 6

El partisano

En *Teoría del partisano*, Schmitt trata aquello que no trató en profundidad –o que solo dejó mencionado– en *El concepto de lo político*, a saber: la distinción existencial en el seno mismo de la comunidad, es decir, la guerra civil:

> Cuando en el interior de un Estado las contradicciones entre los partidos políticos se han convertido en "las" contradicciones políticas *tout-court*, entonces se ha llegado al grado extremo de desarrollo de la "política interna", o sea que se han transformado en decisivos para el choque armado no ya los reagrupamientos amigo-enemigo de política exterior sino aquellos internos al Estado. (1984a: 31).

Schmitt pasa así a dar cuenta de que la forma política, destinada a evitar la emergencia de una situación semejante, aparece debilitada y amenazada. A través de la particular figura del partisano, encuentra una vía de acceso para cifrar tal episodio –de allí que la considere como "clave para comprender" la "realidad política" (1984b: 161) de su tiempo–. El punto es que a pesar de la supuesta complementación entre ambos escritos, *Teoría del partisano* rebalsa las consideraciones presentes en *El concepto de lo político*. Es que lo político, en 1963, se funda en algo más que en la decisión: se funda en la falta que explica y condiciona a lo simbólico y, por tanto, la decisión se des-funda. Es en este punto en donde el legado teórico-político del autor cobra otro cariz, aún más pertinente para la época actual[46].

Este texto tardío comienza analizando el surgimiento del partisano durante las guerras napoleónicas. En ese marco, Schmitt exhibe cómo los guerrilleros españoles se constituyeron en la verdadera defensa del territorio ibérico contra la invasión del ejército francés[47]. Luego, se dedica a trazar las encarnaciones partisanas más significativas producidas en los siglos posteriores. Así, atraviesa las guerras mundiales del siglo XX, retoma la operatividad revolucionaria que el marxismo observó tras ellas e indica su rol en los procesos de descolonización de África. Pero a pesar de la riqueza de este recorrido, Schmitt busca dejar bien asentado el peso de aquella primera aparición. Fueron los combatientes de la península quienes causaron suma admiración y envidia en un autor como Clausewitz, aquel general que tenía por seguro que su Prusia natal no podía ensayar nada semejante ante el mismo avasallamiento napoleónico. Pero fue el propio Clausewitz, según Schmitt, quien con su afamado escrito ensayó el "embrión" de una teoría sobre el partisano que luego sería retomada, "hasta sus últimas consecuencias" (1984b: 118), por Lenin y Mao Zedong.

Ahora bien, nótese que, desde el título de su escrito, el jurista elige cuidadosamente la noción que pone a consideración de sus lectores para proseguir sus disquisiciones sobre lo político acaecidas treinta años atrás. Buscando sustraerse de las disposiciones técnicas y de las especificaciones tácticas propias del mundo castrense, se vale del término "partisano" y no del concepto "guerrillero". Schmitt da por descontado que no se trata de sinónimos. Con un gesto semejante, entonces, evita que la figura del partisano quede reducida a la definición de un mero método de combate, que bien podría ser utilizado por distintos tipos de

---

46. Esto vuelve superficial la siguiente afirmación de Žižek: "La indicación más clara de esta renegación schmittiana de lo político es la primacía de la política externa (las relaciones entre Estados soberanos) por sobre la política interna (los antagonismos sociales interiores), primacía en la cual Schmitt insiste: la relación con un Otro externo como 'el enemigo', ¿no es un modo de renegar de la lucha *interna* que atraviesa el cuerpo social? En contraste con Schmitt, una posición izquierdista subraya la primacía incondicional del antagonismo intrínseco como constitutivo de lo político" (2001: 206).

47. Sobre el particular, ver: Moreiras (2010).

actores. El concepto de partisano, a diferencia del de guerrillero, aparece vinculado a la idea de "partido", a la idea de parte, que reafirma la grieta que atraviesa a la unidad política. Es por ello que, desde su óptica, el partisano es una figura propia de lo político que indica el problema de la estabilidad del orden, inclusive la debilidad del Estado.

Me valdré a continuación de este sendero propuesto por Schmitt para ver allí el problema ontológico de la abyección. Intentaré destacar que al poseer una inscripción bien específica que se enraíza en la comunidad, el partisano schmittiano pone en jaque a la autoridad estatuida evidenciando una contraposición que ya no puede ser contenida por los canales institucionales de la política o por los mecanismos ordinarios del derecho en tanto su accionar trasciende los efectos de la decisión e ilumina a toda decisión. En consecuencia, para esta lectura sobre Schmitt, ya no se trata simplemente del acto de nominar y de entender quién nomina, sino del agujero que atraviesa a toda palabra, de lo que se le escapa y se muestra necesariamente como insuficiente. En otros términos, se trata del fracaso de la decisión en términos de la imposibilidad de toda política y del fracaso de toda simbolización que explica lo político en tanto tal[48].

Leído de esta forma será posible comprender por qué este ensayo retoma aspectos presentes en algunos de los trabajos previos de su hacedor. Por ejemplo, si en *El concepto de lo político* y en *Teoría de la constitución* el pueblo es quien decide sobre su destino político, es decir, quien decide darse una forma organizacional que le permita defenderse de otras comunidades y convertirse en soberana, y en *Teología política* es la capacidad decisoria de la autoridad la que se destaca en vistas de realizar el derecho, en *Teoría del partisano* Schmitt indica cómo toda decisión aparece acechada desde su interior. El partisano es la figura que permite comprender esto, pues se desenvuelve en la opacidad de lo polí-

---

48. "En suma, mientras que el pensamiento de lo político exige la desubstancialización del sujeto, una vez que ese se ve privado de su identidad, de toda valencia o atributo (que ya no puede instituirse como aquel *locus* en el cual un valor viene a encarnarse y el agente de la misión histórica adherida a él), convertido en una noción genérica –meramente el nombre puesto a un problema–, el concepto mismo de lo político comenzará a disolverse, a tornarse algo vago, indefinible" (Palti, 2018: 247).

tico, transita en los bordes de todas las categorías jurídico-políticas. Por ello al revisar las disquisiciones schmittianas al respecto no solo se vuelve posible entender que lo político se juega en el pasaje del enemigo a ese disvalor y del disvalor al enemigo –como también trata el autor en *La tiranía de los valores* [1960]–, sino que además esa variación que procura efectuar la política aparece como una falta intrínseca que la justifica. Su intento de fijar lo social, entonces, es el intento por estabilizar un campo de representación con sus imágenes imposibles. Podríamos decir, apelando provocativamente a Lacan, que entre amigos y enemigos tampoco hay relación sexual.

Para comenzar a aclarar este asunto es preciso mostrar las cuatro características que ensaya el jurista alemán en su definición del partisano.

La primera es su condición de combatiente irregular, es decir, su accionar confrontativo de las instituciones gubernamentales –posición que se ilustra muy bien en tanto el partisano niega al "uniforme", a ese "símbolo" de la "autoridad" (1984b: 123) estatuida–. La segunda alude a su alto compromiso político, lo que a su vez lo vincula al rol del partido revolucionario marxista. Más allá de este aspecto coyuntural del tiempo en el que Schmitt escribe, lo relevante es que así trata de entender cómo el partisano hunde sus raíces en una comunidad determinada, por ello afirma que tiene "absoluta necesidad de una legitimidad si quiere permanecer en la esfera de lo político, y no hundirse simplemente en la del criminal común" (1984b: 179)[49].

La tercera de las características que indica remite a la alta movilidad táctica; movilidad, empero, que no debe ser circunscripta meramente a la inferioridad de medios de combate que lo separan o distinguen de un ejército regular. Los métodos que emplea el partisano señalan toda una forma de relacionarse con la técnica que no es menor, pues replican, para Schmitt, un intento por permanecer fiel a la búsqueda de poner en falta a la decisión política moviéndose en los márgenes, acechando desde la sorpresa, desde el lugar de lo inesperado.

---

49. En esto, Schmitt no podría seguir al planteo de Benjamin formulado en *Para una crítica de la violencia,* ya que un malhechor no se encontraría jamás interesado en la legitimidad social.

Finalmente, como cuarta peculiaridad, Schmitt enfatiza el carácter telúrico del partisano, su apego a la tierra y a la geografía de su patria; apego que se conecta precisamente con la historia de su compromiso político ya indicado. Schmitt pone de ejemplo a Mao Zedong, Ho Chi Minh y Fidel Castro, líderes que han expresado una "demostración clara de que el vínculo con la tierra, con la población autóctona y con la particular naturaleza del país –montañas, bosques, junglas o desiertos– no ha perdido nada de su actualidad" (1984b: 128). Esto le permite a Schmitt insertar –no sin fina malicia– una cuña al interior de los "socialismos reales". De hecho, refrenda sus clásicos juicios sobre el marxismo a partir de las diferentes visiones que encarnan Rusia y China.

Como es harto conocido, Schmitt denunció siempre la negación del carácter contingente de lo político vía la absolutización del enemigo efectuada por Marx y sus seguidores. Según su parecer, esto no puede más que conducir a la discriminación del otro, es decir, al pasaje de la enemistad entendida como propia de lo político a una forma determinada de enemistad que produce un disvalor y, por lo tanto, aniquila lo político. En un célebre comentario, Leo Strauss (2010) marcó agudamente que los considerandos schmittianos acerca de la relación amigo-enemigo no expresan una suerte de "moral guerrera", sino una perspectiva "seria" sobre la existencia en vistas a que lo político no se rebaje a mera politiquería o moralismo hipócrita[50]. Lo interesante de esto es que Schmitt vuelve ahora sobre sus pasos afirmando que fue Mao quien más se acercó al concepto de lo político al entender que toda actividad se juega en un espacio determinado y se despliega en los límites de un teatro de operaciones con sus fronteras bien establecidas. En cambio Lenin seguía un modelo de "enemistad absoluta" donde "sólo la guerra revolucionaria" era "la guerra verdadera"; "todo el resto" se constituía simplemente como mero "juego convencional" (1984b: 153).

En consecuencia, hacia la década de 1960, Schmitt parece no haber olvidado aquello que ya había declarado en *El concepto de lo político* al desechar los ideales humanitarios o clasistas. Desde su perspectiva, el mundo no sería nunca el reino del progreso liberal,

---

50. Véase: Nosetto (2013).

como tampoco gozaría jamás de la ausencia de toda dominación, como pretendían los seguidores de Marx. Liberalismo y marxismo son hijos del paradigma económico moderno que reniega, en última instancia, de la política debido a sus contraposiciones morales y técnicas. Así, ambas tradiciones caen en el craso error de buscar la despolitización del mundo sin entender el carácter imposible de tal empresa[51]. Sin embargo, en ese camino, tanto uno como otro apelan a la política. De este modo conducen hacia una absolutización de la guerra que deriva en la discriminación del enemigo. Como indica Schmitt en el ya mencionado *La tiranía de los valores*, el otro pasa entonces a ser un verdadero disvalor que debe ser aniquilado. En este sentido, lo expresado en este trabajo resuena en el enunciado final que rubrica su comunicación sobre el partisano:

> El extremo peligro no está ubicado por lo tanto ni siquiera en la existencia de medios destructivos totales o en una intencional perversidad humana. Está en la ineluctabilidad de una obligación moral. Aquellos hombres que usan esos medios contra otros hombres se ven obligados a destruir a esos otros hombres, es decir, a sus víctimas, incluso moralmente; deben estigmatizar a la parte adversaria como criminal e inhumana, como "un no-valor absoluto", porque de otra manera ellos mismos serían criminales y monstruos. La lógica del valor y del no-valor extiende toda su devastadora consecuencialidad y obliga a la creación continua de nuevas y más intensas discriminaciones, criminalizaciones y desvalorizaciones, hasta llegar a la destrucción completa de toda vida indigna de existir. (1984b: 188).

En definitiva, en los años 1960, Schmitt retoma el tópico de la discriminación que había tratado ya en *El concepto de lo político.* Sin embargo, estas páginas tardías permiten comprender de forma más clara la porosidad de las definiciones, los límites de la decisión existencial y las variaciones que se dan en el establecimiento de las fronteras sociales. Estos desarrollos adquieren aún mayor importancia teórica cuando se analiza cómo Schmitt encuentra la contracara del partisano revolucionario en el parti-

---

51. Ver: Dotti (2010) y Laleff Ilieff (2016, 2017b).

sano que defiende al *status quo,* esto es, en un partisano "conservador" –si se me permite la expresión–. El polémico jurista se vale del proceso de descolonización argelino en donde los luchadores por la independencia son contrarrestados por miembros del ejército francés que adaptan medios irregulares de acción. Esto no se trata simplemente de una decisión operativa; los soldados franceses bajo el mando del general Raoul Salan combaten de una manera impropia para la legalidad del Estado que buscaban sostener. Schmitt deja entrever que un Estado que viabiliza este tipo de acciones pierde la justeza de sus demarcaciones internas y su unicidad. Esto explicaría el viraje de la posición de Charles de Gaulle sobre la autodeterminación de las colonias africanas; viraje que terminó condenando a la agrupación de Salan –*Organisation de l'Armée Secrète* (OAS)– como una banda criminal[52].

Dicho esto, la figura del partisano se vuelve crucial, se entronca de lleno con la gestación de un espacio de representación, con la defensa de una forma imaginaria de lo social y con el propio concepto de lo político que apela a la unicidad. El asunto es de crucial envergadura, pues si el Estado juzga al partisano como una expresión por fuera de la ley, entonces aquel aparecerá como un criminal carente de la paridad propia del criterio amigo-enemigo y deberá ser juzgado por el derecho penal. Pero el partisano, como ya se ha visto, no es simplemente un criminal; es algo bien distinto. Su hacer escapa al encierro de las palabras. Su figura, en verdad, es portadora de un plus para pensar lo político en tanto tal volviéndose un real de la política estatal. De allí que si se lo juzgase haciendo énfasis en su dimensión política, al Estado solo le quedaría admitir la legitimidad de la fractura social que lo pone en jaque. Incluso al erigirlo como enemigo, el partisano deberá ser vencido con los mecanismos militares, lo que lo eleva a una condición política que evitaría su degradación. Aunque en el caso de consagrarse esta última opción, el Estado estaría bien lejos de poder mentar las cualidades que el propio Schmitt (1983) reclamó en su escrito a favor de la intervención del presidente Paul von Hindenburg durante los años de la república de Weimar,

---

52. Cuestión más que pertinente para pensar la violencia política acaecida en América Latina durante la década de 1970.

es decir, terminaría abandonando toda pretensión de ser árbitro de lo social, volviéndose él mismo beligerante, degradándose él mismo, como un actor más, sumiendo a la sociedad en el caos de una particularidad que no puede figurarse como universal.

Esta es la aporía que el propio concepto de lo político expresa y que Schmitt visibiliza en este poco trabajado escrito de 1963. En definitiva, el carácter abyecto del partisano, su duplicación como presencia y ausencia, como autoridad y como súbdito, como enemigo y criminal, plantea los alcances y no solo las libertades de la definición política. Con esta lectura, sin embargo, no quisiera mostrar una indeterminación semejante a la que se ha evidenciado en el decir de Agamben; tampoco algo así como el fracaso de la mediación soberana en los términos enunciados por Girard o la negación misma de toda decisión como el Benjamin (2007b) del *Trauerspiel*. Simplemente deseo mostrar cómo lo real anida en lo político, en su propia dimensión óntica y en su propia formulación como instancia explicativa de lo social. Así, contra una lectura como la de Agamben podría conjeturarse que existe siempre un afuera de la soberanía que acecha a su configuración específica; mientras que contra una perspectiva como la de Girard se podría expresar que no es posible efectuar una negación de ese real mediante la construcción de ideales que trasciendan a lo político, ya que no hay ideal alguno que no se vea puesto en cuestión y que no deje las puertas abiertas a la discriminación y al aniquilamiento. Pero, finalmente, contra el Schmitt "canónico" es menester decir que el campo mismo de lo político se constituye desde la falta, se ve atravesado por ella; es él mismo inestable e imposible[53].

No existe forma de evitar la degradación de las mediaciones simbólicas y de las categorías que las sostienen o las explican. Sus crisis remiten a la recurrencia de intentos por darle estabilidad al orden, por sostener instancias de reconocimiento que nunca

---

53. Podría pensarse que la alusión a Mao (1974) en un trabajo cuyo tópico es el partisano conlleva una apelación más o menos explícita al "Uno" que se divide en "dos" y que da lugar, según el líder chino, a la contradicción propia de la dialéctica. Sin embargo, la lectura que propongo sobre el decir de Schmitt hace del "dos" –el partisano– que niega al "Uno" –el Estado, la unidad o comunidad política– un no-dos que amenaza a un no-Uno. Volveré sobre este tópico en la última parte del escrito.

dejarán de presentar a un otro como un exterior constitutivo y a un otro –al menos a uno– que no es un otro, que no es uno, que aparece como algo vil y degradado, y que no puede, ni debe, ocupar un lugar en la igualdad de lo político[54]. A través de la figura del Uno leeré las reflexiones de Clastres y de Rancière ahondando en algunos de los inconvenientes que concierne a la asignación de lugares sociales y a la proyección de una sociedad indivisa que devuelve la dimensión especular propia de lo político.

____

54. Así, volviendo a Žižek, ahora sí se puede decir que el partisano schmittiano advierte "la apariencia que oculta el hecho de que, por debajo de los fenómenos, no hay nada que ocultar" (2001; 214), pero, precisamente por eso, porque no hay nada, algo articula esa carencia.

Capítulo 7

Estar *pané*

Es fácil de observar la importancia que la figura del Uno ha tenido en distintos episodios de la tradición de pensamiento occidental. Acaso el más relevante entre ellos sea aquel que se iniciara con el *Discurso sobre la servidumbre voluntaria* o *El contra Uno* [1548] de Étienne de La Boétie; escrito que ha sido fundamental no solo para la impugnación monarcómaca presente en el anónimo *Vindiciae contra tyrannos* [1579], sino también para ciertas apropiaciones teóricas muy posteriores, como las de Miguel Abensour (2008), Lefort (2008) y la del propio Clastres, de quien me ocuparé precisamente a continuación. Recuérdese, además, que esta dimensión de dominación destacada por de La Boétie no ha dejado de impregnar a otras discusiones conexas, como por ejemplo las referidas al populismo[55]. Sin embargo, en este libro me valdré del "Uno" de un modo mucho más acotado. Me contentaré simplemente con apelar a su significado más primario: su carácter indiviso. Así, el Uno será entendido como una metáfora que alude al cierre imaginario de lo social; a ese aspecto que posibilita la conformación de toda identidad, inclusive más allá de sus múltiples aristas. Se trata de un uso que busca menos entender la pérdida de libertad desde un centro de poder que el

---

55. Esto se puede observar en los debates que se suscitaron a partir de las formulaciones laclausianas presentes en *La razón populista* [2005]. Sobre el particular, véase: Emilio de Ípola (2009), Julián Melo y Gerardo Aboy Carlés (2014-2015) y Sebastián Barros (2018; 2020).

cierre de un campo heterogéneo, aquello que lo convierte en un campo a pesar de su hiancia.

Es importante recalcar que si se recuerda lo dicho hasta el momento, las críticas que Girard y Agamben le efectuaron al paradigma de la soberanía permitieron abordar el problema de la guerra distinguiendo un exterior constitutivo –una alteridad– de instancias que aparecen discriminadas, desplazadas, en su interior. Así se pudo abordar las disquisiciones schmittianas sobre lo político en vistas de comprender los avatares de la decisión; los avatares que la acción de nominar posibilita para la vida social, su despliegue en lo bélico, su accionar en lo penal. Lejos de considerar estas dimensiones como execrables, me ocupé de entenderlas como propias del campo simbólico. Con la particular apelación al partisano que Schmitt efectuó, pude también concentrarme en lo real que atraviesa al propio campo de lo político. En ese marco, la reversibilidad de las categorías dieron cuenta de su hiancia constitutiva. El partisano, de hecho, revela lo abyecto en tanto es esa imagen que alude a la falta, a la dimensión ominosa advertida por el psicoanálisis, al componente imaginario que hace posible el anudamiento entre los registros mismos de la realidad, tal como Lacan lo indica en su seminario *RSI*. Sin embargo, en tanto semblante de lo real, posee una inscripción simbólica que permite entenderlo, precisamente, como lo abyecto. Tomaré ahora como referencia a Clastres y Rancière en vistas a observar cómo su crítica a la soberanía permite pensar este mismo aspecto desde otro ángulo, pues a diferencia de Girard y de Agamben lejos estuvieron de preguntarse por las formas de regulación social de la violencia; procuraron, en verdad, denunciar toda regulación social, toda dominación. A partir de sus respectivas consideraciones podré entonces atender el espacio de la unificación política como un elemento inevitable, un elemento que hace posible la identidad misma. Sin embargo, procuraré mostrar que sus disquisiciones se enarbolaron desde aristas diferentes. De hecho, la figura del Uno no aparece de la misma manera; en Clastres se encuentra una apelación explícita a este término; en Rancière, más bien, se ubica como una suerte de figura que es posible establecer en sus invectivas contra los esquemas consensualistas. Podríamos decir, entonces, que el primero se valió del legado de Étienne de la Boétie para negar toda dominación de la soberanía, mientras que el segundo encontró el problema fundamental en la gestación de una determinada distribución de lo sensible que asigna roles sociales y niega la ficción de la unicidad. En ese marco, el antropólogo enarboló una contraposición entre ciertas comunidades indígenas que son el anverso del curso adoptado por la Modernidad occidental y el filósofo, en cambio, ubicó su mirada en la dinámica característica de todo orden.

En suma, Clastres negó al Uno de la soberanía ponderando al Uno de la comunidad; Rancière denunció toda forma de Uno al remitir a la homogeneización y a la negación del conflicto. En este punto comienza entonces a quedar establecida la relevancia de tal figura para atender a la abyección. Con ello quisiera aquí remarcar que si hay Uno es porque hay un otro –o algo que lucha por ser reconocido– que no lo es, pero también un otro que es, de igual modo, Uno. El valor de esta afirmación, empero, radicará en la observancia de que así como es imposible toda unificación entre dos Unos, también todo Uno tiene su hiancia, su dislocación interna.

Para comenzar a desplegar este argumento, me valdré de dos trabajos de Clastres: *La Sociedad contra el Estado* [1974] y *Arqueología de la violencia* [1977]. Por la materia de cada uno y por su cercanía temporal, los movilizaré conjuntamente. Se trata, de hecho, de escritos afines frutos de sus investigaciones de campo en las comunidades guayakí, guaraní y yanomami de América del Sur. Me interesa reparar cómo Clastres se vale de estas formas de vida para criticar el evolucionismo de ciertos enfoques antropológicos, principalmente de aquellos herederos del normativismo de Émile Durkheim y del economicismo marxista[56]. Así, Clastres destaca que el curso adoptado por las sociedades arcaicas es un ejemplo bien distinto al de las naciones dominantes y que nada hay que conduzca a lo social a un estadio o destino específico; las sociedades, afirma, pueden carecer de dominación. Aquellas comunidades que no conocen al Estado no son por ello incompletas; son comunidades que expresan una lucha contra el Estado, contra la emergencia del Uno que se figura como detentador de

---

56. Al respecto, ver: Soprano, Boixadós y Smietniansky (2018).

la soberanía y que fragmenta la comunidad en dominadores y dominados.

Es evidente que con una perspectiva semejante, Clastres expresa cierto anarquismo, pero esto no es lo importante. Lo que sí es importante es que su perspectiva no niega la relevancia de la política o, para decirlo mejor, el carácter político que necesariamente se da en lo social. De hecho, el autor lo resalta a tal punto que pretende mostrar un modo distinto de lo político al consignado por el paradigma de la soberanía. Sin embargo, en ese trance, nada dice sobre el origen de este modelo que es menester desestructurar, más bien lo impugna *in toto*, lo da por conocido.

Siguiendo esta meta, Clastres intenta, pues, evitar el divorcio que opera en el interior de la soberanía, esto es, el pliegue que distingue a los hombres y mujeres por su poder efectivo. Por ello recupera de forma explícita el espíritu del escrito de la Boétie. En esa línea, afirma algo fundamental para su discusión con el marxismo: la organización social no se reduce a los dictámenes de lo económico, lo que suceda en la producción depende de una determinada configuración de lo político:

> La mayor división de la sociedad, la que funda todas las demás, incluida sin duda la división del trabajo, es la nueva disposición vertical entre la base y la cúspide, es la gran ruptura política entre poseedores de la fuerza, sea bélica o religiosa, y sometidos a esa fuerza. La relación política del poder precede y funda la relación económica de explotación. Antes de ser economista la alienación es política, el poder está antes del trabajo, lo económico es un derivado de lo político, la emergencia del Estado determina la aparición de las clases. (2009b: 169).

En definitiva, para Clastres, el poder radica en el corazón de lo social. Así, en las sociedades arcaicas no remite a su dimensión diacrónica, a la sucesión o a la herencia –lo que lo aleja de la preocupación benjaminiana sobre la deposición y la instauración del derecho y de la autoridad y del horizonte weberiano sobre la dominación–, sino más bien a su dimensión sincrónica. Clastres enuncia –o cree ver allí– un riesgo, el cual consiste en que el poder de la comunidad ceda a la dominación de un Uno. Si esto acontece "lo Uno" aparecerá "exterior a la sociedad" (2009a: 9) y se fundará el modelo propio de Europa, lo que a su vez generará que la violencia se anude con la dominación. En este sentido aclara que si bien las sociedades arcaicas no son sociedades sin violencia –de hecho son "sociedades para la guerra" (2009a: 6)–, sí son sociedades sin dominación[57].

La advertencia de este rasgo lo obliga al autor a distinguir su enfoque de la clásica tematización hobbesiana que equipara estado de naturaleza con estado de guerra. Desde su visión, la guerra no es lo otro de lo social o el producto de su defección; el Uno no es tampoco quien posibilita la constitución de la vida en comunidad. Para Clastres, existen formas distintas de organización social que ubican en lugares harto disímiles a la guerra y a la violencia. En su caso apuesta por aquellas que niegan la dominación y no por aquellas otras que la presentan como algo dado o inevitable. De este modo discute con los discursos antropológicos que explican por qué se efectúan los acontecimientos bélicos en sociedades de esta índole. Remarca, así, tres grandes posiciones con las que pretende discutir.

En primer lugar, niega la perspectiva "naturalista" que enfatiza que las sociedades arcaicas no son sociedades para la guerra, sino sociedades donde prima la lógica bélica debido al poderío del grupo de los cazadores –de manera que existiría una diferenciación social garantizada por el poder de las armas–. Clastres, para ello, propugna que la guerra implica una agresividad que la caza desconoce. La posición naturalista no puede delinear el cabal fundamento del momento bélico en esta clase de comunidad. En segundo lugar, discute con la mirada "economicista" que entiende a la guerra como efecto de la escasez propia de las economías de subsistencia. Para contrarrestarla, arguye que la sociedad guayakí posee una economía de ese tipo que es, en verdad, una economía de la abundancia, a tal punto que sus miembros trabajan solo lo necesario mientras que el resto del tiempo se dedican al ocio. En

---

57. Esta ponderación tiene como principio y horizonte la configuración del poder en Europa. La variación sobre el Uno –metáfora que hunde sus raíces en las luchas confesionales de los siglos XVI y XVII en el continente– se inscribe, precisamente, en una diferencia que busca invertir el lugar donde recae el peso de lo patológico. Lefort (2011) –importante lector de Clastres– efectúa una operación análoga con un resultado distinto en una conferencia sobre América Latina del año 1989 (Mattei, 2019).

ese marco, busca remarcar que esto no siempre ha sido así, pues existe una clara diferencia entre estas comunidades y aquellas asimiladas al imperio incaico.

En tercer y último lugar, Clastres se opone a la mirada de Claude Lévi-Strauss, más específicamente, a aquella que presenta a la guerra como expresión de un intercambio fallido. Según Clastres, esta perspectiva dominante en la antropología de su época entiende a las sociedades arcaicas no para la guerra sino para el intercambio. Así, solo en determinadas oportunidades se ven obligadas a recurrir a lo bélico para valerse de distintas materias y bienes que el flujo del comercio no puede garantizar. El problema principal que Clastres advierte en esta lectura es que la violencia queda sin explicación. Desde su óptica, la violencia no se trata de un efecto del comercio malogrado, por el contrario, el intercambio encuentra su razón de ser en las necesidades bélicas. Las sociedades arcaicas comercializan en vistas de solventar acuerdos que les permitan hacer la guerra. Este tipo de alianzas resultan capitales no solo para transitar sobre territorios ajenos con una relativa seguridad y protección, sino también para que la población no sea atacada a traición cuando sus hombres se encuentran en plena campaña militar.

La guerra aparece, entonces, como expresión de la independencia política de la sociedad. Sin embargo, para Clastres, tal fenómeno no muestra la posibilidad de emergencia de lo político en términos de amigo-enemigo: la guerra es el modo mismo que adopta la sociedad arcaica, el elemento que permite su homogeneidad interna y su distinción externa. La violencia aparece puesta al servicio de una frontera que se establece contra sus enemigos, contra su exterior constitutivo, pues esta alteridad es eminentemente contingente; de allí que no esté tan lejos del horizonte schmittiano aun contando aquellos pasajes donde la negación del Uno de la soberanía tiene como contracara el sostenimiento del Uno de la no-dominación:

> ¿Qué es el Estado? Es el signo consumado de la división en la sociedad, en tanto es el órgano separado del poder político: a partir de ese momento, la sociedad se divide entre quienes ejercen el poder y quienes lo padecen. La sociedad ya no es un Nosotros indiviso, una totalidad-una, sino un cuerpo

fragmentado, un ser social heterogéneo. La división social, el surgimiento del Estado son la muerte de la sociedad primitiva. Para que la comunidad pueda afirmar su diferencia hace falta que sea indivisa; su voluntad de ser una totalidad que excluya a las demás se apoya sobre el rechazo de la división social; para pensarse como Nosotros exclusivo frente a los Otros, se hace necesario que ese nosotros sea cuerpo social homogéneo. (2009a: 74).

En el siguiente relato profético de los guaraníes –descrito en la *Sociedad contra el Estado*– se observa precisamente este Uno de la sociedad a partir de una fundamentación cosmológica:

Uno es toda cosa corruptible. El modo de existencia del Uno es lo transitorio, lo pasajero, lo efímero. Lo que nace, crece y se desarrolla solamente en vistas a perecer, eso es lo que será llamado Uno. ¿Qué significa eso? Accedemos aquí, por el lado de una curiosa puesta en práctica del principio de identidad, al fundamento del universo religioso guaraní. Rechazado hacia el lado de lo corruptible, el Uno se vuelve signo de lo Finito. La tierra de los hombres sólo guarda en sí misma imperfección, podredumbre, fealdad: tierra fea, es el otro nombre de la tierra mala. *Ywy mba'e megua* es el reino de la muerte. De toda cosa en movimiento en una trayectoria, de toda cosa mortal, se dirá –dice el pensamiento guaraní– que es una. El Uno: anclaje de la muerte. Muerte: destino de lo que es uno. ¿Por qué son mortales las cosas que componen este mundo imperfecto? Porque son finitas, porque son *incompletas*. Lo que es corruptible muere por ser incompleto, el Uno califica lo incompleto. (2009b: 147).

Siguiendo lo planteado por Clastres, se podría decir que la sociedad con Estado es el Uno que niega a la comunidad; la sociedad sin Estado, en cambio, es una suerte de no-Uno, es la verdadera totalidad sin la dualidad que habilita la dominación, lo que no es otra cosa que afirmar que la comunidad es el verdadero Uno que abjura del sometimiento. Esto deja precisamente la indagación de Clastres en el punto en el que quisiera ahondar aquí, es decir, en la organización misma de esta clase de agrupamiento. Es que dicho antropólogo parece no tener en cuenta que la diferenciación social que se da en las sociedades arcaicas puede no conllevar la forma política de la dominación, pero claramente plantea un tipo de dominación que conduce a la problemática de la abyección, esto es, a un Uno que solo admite determinadas formas de inscripción simbólica que homogeneizan al campo de representación negando su falta intrínseca. Dos serán los ejemplos que tomaré de *La Sociedad contra el Estado* para ilustrar esta cuestión, dos ejemplos extraídos de la comunidad guayakí que remiten a formas distintas de lo maldito, a formas del estar *pané*. Pero solo una de ellas revelará el lugar de lo abyecto que he querido pensar en estas páginas. La contraposición entre ambos será útil.

El primero de estos ejemplos remite a Chachubutawachigi, hombre viudo, excluido del uso del arco por sus faltas de aptitudes para la caza, rechazado por las mujeres de la comunidad y receptor de las burlas de los niños. El segundo se centra en Krembegi, homosexual que se comporta, viste y canta como las mujeres del grupo y que incluso efectúa sus mismas tareas de recolección. Se trata de un miembro que tiene sexo con otros hombres sin que sea penado o mal visto por el resto de la comunidad. Chachubutawachigi es quien lleva su existencia en soledad. Excluido del campo simbólico masculino, habita una zona incómoda entre el arco y el cesto debido a la división sexual del trabajo. En ese marco no le queda más que cazar con sus propios métodos la comida que lo alimenta y participar de los ritos religiosos con su propio estilo de canto. Krembegi, en cambio, aparece como alguien aceptado en el orden del cesto e incluido en las labores femeninas. Es por ello que ambas modalidades del estar *pané* no implican políticamente lo mismo.

El primero es un caso que expresa lo degradado, aquello que debe ser excluido, más no expulsado de la comunidad, a los fines de que su existencia sirva de amalgama colectiva, de verdadero ejemplo de conducta. El segundo, si bien indica cómo la comunidad le imprime una consideración simbólica fuerte, aparece como una expresión casi irrelevante para el desenvolvimiento de lo social. Es, en cierta medida, una diferencia que no altera el orden, que aparece ya incluida como excepción; de allí que no signifique un problema o una amenaza evidente al devenir comunitario, de allí que no sea la expresión abyecta que devela la hiancia ontológica. Chachubutawachigi es, en cambio, quien efectivamente se ubica en ese lugar vacío, quien aparece en una posición incómoda y al mismo tiempo compleja. Es el caso desviado, pero un caso desviado que se vuelve el real de la imagen que Clastres encuentra en su elogio de esa comunidad toda. Así, Chachubutawachigi representa la amenaza interna a su imaginario y, peor aún, el sin-sentido de lo político. Es por ello que el pensador francés admite que tal miembro "no se hallaba en ninguna parte" y que "su situación era mucho más inconfortable que la de Krembegi", de hecho:

> Este último ocupaba a los ojos de los achés un lugar definido, aunque paradójico; y, en un sentido exenta de toda ambigüedad, su posición en el grupo resultaba normal, aunque esta nueva norma fuera la de las mujeres. Chachubutawachigi, por el contrario, constituía por sí mismo una especie de escándalo lógico; al no situarse en ningún lugar claramente discernible, escapaba al sistema introduciendo en él un factor de desorden: lo anormal, desde cierto punto de vista, no era el otro, era él. De allí sin duda la agresividad secreta de los guayakíes para con él, agresividad que se traslucía a veces bajo las burlas. También de allí provenían, probablemente, sus dificultades psicológicas y un agudo sentimiento. (2009b: 95).

En la descripción brindada por Clastres no se verifica una problematización sobre estos casos, mucho menos los conecta con el problema de la dominación. Clastres decide simplemente afirmar que la comunidad indivisa es quien administra la cotidianidad buscando obturar este tipo de situaciones, reglarlas, para que su supuesta no-dominación se mantenga. Pero Chachubutawachigi es lo abyecto; es ese doble interno, es al mismo tiempo político e impolítico, es lo que revela la falta de la comunidad. De este modo, Clastres invierte su aversión al Uno de la soberanía por un elogio al Uno de la sociedad; una ponderación de un tipo de expresión sin fisuras que, en última instancia, no da lugar a la singularidad. Pero al hacerlo, desconoce otros modos de dominación que no dejan de informar a la política y de verificar el tratamiento que la política le da a lo real. Por ello se encarga de destacar que en las sociedades arcaicas no hay ruptura posible del orden si no es solo por parte de una conquista exterior.

El jefe militar y el jefe político de la comunidad-Una ocupan un lugar bien delimitado que nunca podrán llegar a usufructuar para convertirse en verdaderos dominadores de sus coterráneos. Pues el primero solo es un guerrero que no puede llevar a cabo un accionar bélico movido por fines privados, mientras que el segundo cumple una función en apariencia privilegiada por ser el único polígamo. De hecho, debe procurar la armonía del grupo, ser generoso con los otros, responder a las infinitas demandas de sus miembros, hacer regalos para contentarlos, pero, por sobre todo, debe saber el arte de la palabra; más aún, debe demostrar que puede dominar a las palabras, que puede *hablar bien*. Este uso del lenguaje, a diferencia del que hace el Uno de la soberanía, no es signo de poder. De hecho, como nos advierte enfáticamente Clastres, la comunidad misma se encarga de que palabra y poder nunca se reúnan en un mismo hombre. Así, el líder aparece cercado por la comunidad; cercado a través de sus mujeres, a través de las palabras y por sus obligaciones cotidianas. Lo interesante es que incluso cuando hace gala de su rol de orador, nadie parece oír lo que dice. Lejos de desanimarse, este líder redobla sus esfuerzos, una y otra vez:

> La palabra del jefe no es dicha para ser escuchada. Paradoja: nadie presta atención al discurso del jefe. O más bien, se finge desatención. Si el jefe debe, como tal, someterse a la obligación de hablar para la gente a la cual se dirige, es suficiente con aparentar no escucharlo. Y, en un sentido, ellos no pierden, si así se puede decir, nada. ¿Por qué? Porque, literalmente, el jefe no dice, prolijamente, nada. Su discurso consiste, en lo esencial, en una celebración, frecuentemente repetida, de las normas de vida tradicionales: "Nuestros abuelos se encontraron bien al vivir en la forma que vivían. Sigamos su ejemplo y, de esta manera, llevaremos juntos una existencia apacible". He aquí, más o menos, a lo que se reduce un discurso de jefe. Se comprende pues que el mismo no preocupe mayormente a aquellos para quienes está destinado. (2009b: 133).

En esa desatención de la comunidad aparece la muestra del rol indiviso de lo social que Clastres procura reafirmar en su cruzada contra el paradigma de la soberanía. Se trata de una desatención fingida, pero sostenida como modo de ser que es inmune a la disuasión y al cambio. La comunidad muestra su solvencia no dejándose tentar, no sucumbiendo ante eso que puede emerger y trastocar su forma de vida. Y en esto la sociedad arcaica de Clastres es sumamente consciente; solo así puede afirmar su existencia. Se mide cotidianamente con aquello que la acecha desde dentro y, al vencerlo, muestra todo su poderío. Por ello al líder político solo le queda lidiar con los viejos relatos y las vicisitudes de los antepasados. De ese modo, muestra que la tradición lo domina, que lo habla a él, que su palabra es enteramente del Otro, y no que él domina a la tradición, que él se puede valer del Otro para dominar. Su verbo nunca podrá ser más fuerte que las costumbres ya solidificadas; su arte nunca podrá inaugurar un modo distinto de ser. No hay firma posible que rubrique ese espacio comunitario, homogéneo, condensando. Su retórica se vuelve el signo de todo el poder del que carece; es un discurso vacío. Por ello es que ambos líderes de la comunidad –el político y el militar– nunca podrán ser Uno, nunca podrán complotarse guiados por secretas ambiciones:

> La sociedad primitiva sabe, por naturaleza, que la violencia es la esencia del poder. En este saber se arraiga la preocupación de mantener constantemente separado uno de otro, el poder y la institución, el mando y el jefe. Y es el campo mismo de la palabra lo que asegura la demarcación y traza la línea de separación. Constriñendo al jefe a moverse sólo en el elemento de la palabra, vale decir en el extremo opuesto al de la violencia, la tribu se asegura de que todas las cosas permanecen en su lugar, que el eje del poder se repliega sobre el exclusivo cuerpo de la sociedad y que ningún desplazamiento de fuerzas vendrá a subvertir el orden social. El deber de palabra del jefe, ese flujo constante de palabra vacía que él debe a la tribu, es su deuda infinita, la garantía que prohíbe al hombre de palabra convertirse en hombre de poder. (2009b: 134).

Según lo dicho al final de *Arqueología de la violencia*, la sociedad arcaica "repite, invirtiéndolo, el discurso de Hobbes, proclama que la máquina de dispersión funciona contra la máquina de unificación, nos dice que *la guerra es contra el Estado*" (2009a:79);

de allí que "la historia de los pueblos sin historia" sea, "con igual grado de verdad, la historia de su lucha contra el Estado" (2009b: 186). Sin embargo, nada de ello hace que se borre la dominación interna que se da en lo social. Frente a ese Uno indiviso de Clastres es posible movilizar el decir de Rancière y entender que toda asignación de roles sociales proviene de una lógica atenta a las fijaciones que se obstinan en negar su propia escisión.

Capítulo 8

Los sin-parte

En las páginas de *El desacuerdo* [1995], Rancière sostiene que toda visión que pondere lo indiviso de una comunidad esconde un desajuste. Es que toda jerarquía, toda etiqueta, toda asignación de roles sociales se encuentra atravesada por un cálculo que no puede salir bien. Y ello no por el mal uso de las matemáticas, sino porque en el fondo de lo social opera un desacuerdo irreductible, un real que alude, precisamente, a la propia práctica discursiva de lo social. Por ello, dicho autor define al desacuerdo como "un tipo determinado de situación de habla: aquella en la que uno de los interlocutores entiende y a la vez no entiende lo que dice el otro":

> El desacuerdo no es el conflicto entre quien dice blanco y quien dice negro. Es el existente entre quien dice blanco y quien dice blanco, pero no entiende lo mismo o no entiende que el otro dice lo mismo con el nombre de la blancura. La generalidad de la fórmula exige, naturalmente, algunas precisiones y obliga a algunas distinciones. El desacuerdo no es el desconocimiento. El concepto de desconocimiento supone que uno u otro de los interlocutores, o ambos –por el efecto de una simple ignorancia, de un disimulo concertado o de una ilusión constitutiva– no saben lo que dicen o lo que dice el otro. Tampoco es el malentendido que descansa en la imprecisión de las palabras. (2012: 8).

En consecuencia, el espacio social aparece como un espacio eminentemente discursivo atravesado por una inconsistencia, una oquedad. Lo real en lo simbólico y lo real como límite de lo simbólico emergen claramente aquí. De este modo, Rancière no solo pone de relieve el punto en el que convergen lo imaginario y lo simbólico y que toca tangencialmente el estatuto de lo real; también alerta sobre la constitución misma del campo comunitario.

El "problema" del desacuerdo lejos está, sin embargo, de remitirse a diferencias en el grado de racionalidades. Si algo pondera Rancière a lo largo de toda su obra es, precisamente, la igualdad de las inteligencias; basta para ello consultar su emblemático trabajo *El maestro ignorante. Cinco lecciones sobre la emancipación intelectual* [1987]. En 1995, Rancière exhibe con agudeza cómo el desacuerdo se presenta bajo la forma de una distorsión; una afrenta contra las pretensiones que buscan negar las fisuras y los conflictos que se suceden en el espacio social. El Uno de la comunidad se ve acechado por un real que lo corroe internamente, por ello el autor ataca a paradigmas como los consensualistas que arguyen que lo social no puede estar manchado por el conflicto.

Recuérdese: lo simbólico busca pronunciarse sobre cualquier ruido que afecte a una determinada disposición ética y a un determinado horizonte normativo. Así reasigna lugares y piensa la matriz que define roles y preferencias. Sin embargo, nada de ello puede funcionar, no al menos en el sentido deseado. Toda distribución de lo sensible se ve acechada por esta cuestión. Rancière admite que "los casos de desacuerdo son aquellos en los que la discusión sobre lo que quiere decir hablar constituye la racionalidad misma de la situación de habla" (2012: 9). Se trata, en efecto, de un tópico que remite al uso mismo de la palabra, que muestra la politicidad de la palabra, la necesaria articulación –negada por Clastres– entre palabra y poder.

Para explicitar el valor de tales considerandos, Rancière se retrotrae al horizonte griego. Según su visión, ya en las disquisiciones aristotélicas el *Logos* que distingue a los hombres de las bestias aparece como el garante del lazo social y de la posibilidad misma de un horizonte ético. De hecho, en *Política*, la vida no se figura solo en lo referido a la satisfacción de sus necesidades, sino también en relación con la felicidad; felicidad que no es sin una inscripción pública. Rancière señala que el intento aristotélico por armonizar lo sensible implica una "distribución de lo común" (2012: 18). Las partes de la *polis* que el estagirita analiza aparecen vinculadas entre sí por sus diferencias; diferencias que pueden, a su vez, rearticularse en vistas del bien común[58].

En ese marco, Rancière indica que Aristóteles distingue tres partes con sus respectivos bienes: a la oligarquía le corresponde la riqueza, a la aristocracia la virtud y a la democracia la libertad. Pero aquí, precisamente, irrumpe la pregunta sobre la naturaleza de esta caracterización. Lo que parece querer indicar con ello Rancière es que Aristóteles no entiende de modo erróneo la armonía, más bien no se percata de su imposibilidad. Toda armonía propugnada por lo político está destinada al fracaso precisamente porque en lo político habita una falta. Las partes no existen o existen solo como condición de un acto inaugural; las partes delineadas no son cuantificables, no son partes en absoluto, mucho menos guardan una relación intrínseca con sus atributos. Esta relación proviene del acto de nominar, ya que no hay nada por fuera del lenguaje. La política existe porque hay una hiancia en la comunidad que no puede ser obturada y que se verifica en el síntoma; síntoma que no es más que el resultado del accionar de lo simbólico sobre lo real: "hay política –y no simplemente dominación– porque hay un cómputo erróneo en las partes del todo" (2012: 24).

Con esta descripción, Rancière se percata de que la democracia carece de bien propio, pues la libertad del *demos* es la libertad de lo público y lo público no es propiedad de un solo sector. Pero además de ello remarca que así se vuelve evidente que carece de bien propio porque ninguna otra configuración como la democracia pretende ser tan extensiva en sus alcances, tan sutil en sus pliegues internos. Esa parte delimitada del *demos* indicada por el estagirita es una parte que no tiene parte.

Para Rancière, no hay modelo que se ajuste a lo real porque lo real limita a todo modelo, fractura toda asignación. Esto resulta compatible con la noción que la ontología lacaniana propugna en tanto lo abyecto, como expresión en el lugar de la falta, expresa

---

58. Sobre el particular, consultar: Rossi (2018) y Mancinelli (2022).

un real imposible que pone en jaque el anudamiento mismo de una configuración política; de allí que sea también un semblante de lo real.

Pero en el caso de Rancière, su análisis del esquema griego le permite resaltar que siempre hay una parte que no tiene parte. Los sin-parte, entonces, son aquellos que no son del todo excluidos de lo social, aunque sí subordinados, dejados como objetos del campo de representación, que ya definió buenas conductas y estableció expectativas éticas. En otras palabras, no son sin lo simbólico. De manera que si bien la tarea de identificar e inscribir a los actores y a los procesos emerge como necesaria, es ella misma una empresa fallida. De allí que, desde el punto de vista ontológico que propugno aquí, se trate menos de pensar una determinada configuración del poder que debe ser corregida que de una dinámica que remite a la aporía ya comentada de lo político, lo que no excluye –claro está– la relevancia de pensar las variaciones en la contingencia, muy por el contrario.

Ahora bien, lo interesante de todo esto es que Rancière propone una variación en los modos de entender esta dinámica de asignación e irrupción. La política no aparece como esfera de fijación y jerarquización, como la actividad de delimitar contornos y áreas propias de un agrupamiento humano, sino como el momento en que todo eso se quiebra y se pone en discusión. De manera que el autor se preocupa por reservar el término "política" para esos momentos en los que emerge una instancia que discute al orden, es decir, cuando se alude a la irrupción de una capacidad de habla en espacios anteriormente vedados. Por ello es que define a la política como el momento en que los sin-parte advierten que esa suma de lo social no da bien y que no hay un sentido último que justifique que estén confinados a una posición degradada. En sus propias palabras, "la política existe cuando el orden natural de la dominación es interrumpido por la institución de una parte de los que no tienen parte" (2012: 25).

Sin embargo, Rancière no lleva su noción de política fuera del orden. Dicho de otra manera, la política no aparece como un real que suspende al orden; es en verdad ese momento en que visto desde lo simbólico, emerge para discutir los modos de abyección. Es por ello que Rancière considera que la política es siempre política de la igualdad y de la emancipación, todo un momento que discute el juego de las partes que se figuran como dadas. Así, los desplazados son quienes deben alzarse en vistas de enarbolar su consideración sobre qué es blanco, es decir, son quienes deben esgrimir su capacidad de hablar. Precisamente este hecho discursivo es el momento máximo de la politicidad que se cifra en lo oblicuo. Se puede afirmar, entonces, que la política es, para Rancière, siempre política de un orden social que se presenta como unificado. Sin embargo, por esto mismo, el Uno de la comunidad está dividido, siempre estuvo fracturado; los sin-parte expresan ese real de la no-relación, ese lugar abyecto, de falta, de vacío.

Rancière equipara política con igualdad precisamente porque la emergencia de los sin-parte muestra una diferencia de asignación que producen los significantes amos. De allí que en su obra no se trate solamente de remarcar la evidente cuestión del carácter conflictivo de lo social, sino de comprender lo que se pone de relieve en toda constitución comunitaria. Su discurso permite observar el anudamiento que se efectúa en toda comunidad entre esa emergencia de lo real, el horizonte ético presupuesto –que es también del orden de lo imaginario– y una determinada distribución de lo sensible. Pero, asimismo, permite observar la oquedad misma de la palabra que, sin embargo, no deja de existir en el marco de la significación que la encierra –de allí el ejemplo de "blanco"–.

Es menester tener en claro, pues, que ese momento de interrupción es también un momento que puede derivar en una reinscripción y, por tanto, en algo que dejará de ser ya igualitario, dejará de ser algo emancipador, *político;* dejará de carecer de nombre, dejará de ser abyecto, para pasar a ser parte de una nueva "parte"[59]. Aquí es donde es menester explicitar la famosa distinción rancieriana entre "política" y "policía", que expresa menos una relación contrapuesta que una verdadera tensión, una

---

59. Considero necesario seguir ahondando sobre este punto, pues mi noción de abyección no afirma algo enteramente "nuevo", es decir, la expresión de algo que carece de inscripción simbólica y de sedimentaciones históricas. Por el contrario, lo abyecto es una metáfora de la falta estructural; algo que excede a lo excluido por un determinado orden y remite a ese punto donde lo simbólico muestra su sin-sentido.

no-relación. Transcribiré ambas definiciones tal como figuran en el escrito de 1995:

> a) Generalmente se denomina política al conjunto de los procesos mediante los cuales se efectúan la agregación y el consentimiento de las colectividades, la organización de los poderes, la distribución de los lugares y funciones y los sistemas de legitimación de esta distribución. Propongo dar otro nombre a esta distribución y al sistema de estas legitimaciones. Propongo llamarlo policía. (2012: 43).

> b) Propongo ahora reservar el nombre de política a una actividad bien determinada y antagónica de la primera: la que rompe la configuración sensible donde se definen las partes y sus partes o su ausencia por un supuesto que por definición no tiene lugar en ella: la de una parte de los que no tienen parte. Esta ruptura se manifiesta por una serie de actos que vuelven a representar el espacio donde se definían las partes, sus partes y las ausencias de partes. La actividad política es la que desplaza a un cuerpo del lugar que le estaba asignado o cambia el destino de un lugar; hace ver lo que no tenía razón para ser visto, hace escuchar un discurso allí donde sólo el ruido tenía lugar, hace escuchar como discurso lo que no era escuchado más que como ruido. (2012: 45).

Como ejemplo de política, Rancière cita al ya célebre caso de la secesión del Monte Aventino (287 a. C.). Este hecho, acaecido en los orígenes de la república romana, permitió que la plebe obtuviera una representación en el naciente ordenamiento jurídico-político de la ciudad. A los ojos del autor, se trató de un evidente caso de irrupción que luego, tras el envío de un negociador por parte de los grandes, pasó a inscribirse en el horizonte comunitario; en lenguaje del autor, pasó a ser del orden de lo policial y ya no de la política.

Con su partida a los confines de la ciudad, con el abandono de los dominados de los lugares asignados por los dominadores, las tribus romanas "transgredieron en los hechos el orden de la ciudad"; "de 'mortales' se convirtieron en 'hombres'" y así inscribieron "en palabras un destino colectivo" (2012: 39). Hasta ese momento, los patricios no tenían "motivo para discutir con los plebeyos, por la sencilla razón de que éstos" no hablaban, y no lo hacían porque eran "seres sin nombre, privados de *logos*, es decir de inscripción simbólica en la ciudad" (2012: 38)[60]. Pero estos sin-parte terminaron haciendo "lo que era impensable": instituyeron "otro orden, otra división de lo sensible al constituirse no como guerreros iguales a otros guerreros sino como seres parlantes que comparten las mismas propiedades que aquellos que se las niegan". En síntesis, se condujeron "como seres con nombre", escribieron "'un nombre en el cielo': un lugar en un orden simbólico de la comunidad de los seres parlantes, en una comunidad que aún no tiene efectividad en la ciudad romana" (2012: 39). De manera que lo político se da, para Rancière, donde el desacuerdo ya no puede ser obturado; allí cuando se pone en jaque la distribución de la palabra, es decir, cuando una voz hace tronar los cimientos de la esfera pública[61].

Los plebeyos instauraron un nuevo horizonte al no pretender insertarse en aquel que había sido diagramado por los patricios. En ese contexto, no reclamaron simplemente ser considerados como ellos; pretendieron también gestionar ese espacio de lo sensible que aparecía como común, pero no como homogéneo. Esto muestra que los actores sociales comparten, indefectiblemente, determinados significantes que los informan, ya que en definitiva patricios y plebeyos eran, ambos grupos, romanos. El punto interesante aquí es la articulación entre las instancias de politización y despolitización que se gestan en el marco de una sociedad. El accionar igualitario en el uso de la palabra impacta en el orden de lo sensible: de la república aristocrática Roma se pasó a una república popular. Precisamente en ese momento de inclusión, en ese momento habilitado por la negociación, emergió

---

60. Debo a Eugenia Mattei la referencia precisa a un comentario que el autor efectuara *En los nombres de la historia. Una poética del saber* [1992] en torno a la revuelta de las legiones de Panonia; comentario basado en el análisis del relato de Tácito y de la lectura a cargo del filólogo Erich Auerbach. Lo que se destaca allí es que Percenio –un legionario hábil en el uso de la palabra– comenzó a esparcir intrigas entre sus camaradas. Análogo a lo desarrollado en *El desacuerdo*, Rancière se ocupó de mostrar con tal ejemplo un "no-lugar" de la palabra.

61. La contigüidad con la noción de parrhesía vista por Foucault es, en este punto, notoria.

un punto de acuerdo entre el sector excluido y el dominante; apareció, dicho con Rancière, la lógica policial activando nuevas formas de exclusión. Se ha comenzado a gestar, entonces, desde esta óptica, ese proceso que no deja de asignar roles y lugares sociales.

Ahora bien, entre política y policía no hay negación; son formas del desenvolvimiento de lo social. Por ello es importante advertir que no toda irrupción pone en jaque al orden. Sin embargo, cuando ello efectivamente sucede, la "policía" busca pronunciarse gestionando los alcances de tal fenómeno. Su tarea consiste en estabilizar la vida comunitaria. Si bien esto aparece como un momento analíticamente negativo en tanto contradice a la emancipación, no se debe perder de vista que, en los términos que el propio Rancière ofrece, es algo inevitable. Por ello lejos está de considerar que la igualdad es un camino dificultoso de ascensos; no hay *Aufhebung* posible. La política irrumpe en ese encuentro con la policía y aparece también con los intentos de la policía por cifrar a lo real:

> Para que una cosa sea política, es preciso que dé lugar al encuentro de la lógica policial y la lógica igualitaria, el cual nunca está preconstituido. Así pues, ninguna cosa en por sí misma política. Pero cualquiera puede llegar a serlo si da lugar al encuentro de las dos lógicas. Una misma cosa –una elección una huelga, una manifestación– puede dar lugar a la política o no darle ningún lugar. Una huelga no es política cuando exige reformas más que mejoras o la emprende contra las relaciones de autoridad antes que contra la insuficiencia de los salarios. Lo es cuando vuelve a representar las relaciones que determinan el lugar del trabajo en su relación con la comunidad. (2012: 48).

Lo clave aquí es que Rancière disloca la figura del Uno de la comunidad. Es por ello que sus disquisiciones pueden leerse explícitamente contra el ideal de la sociedad del consenso que propone un autor como Jürgen Habermas (2010), pero también contra lo enunciado por un crítico de la Modernidad europea como Clastres. El desacuerdo es imposible de eliminar no por una falla puntual de un determinado orden, por la carencia de racionalidad de sus actores o por la dominación política, sino por una hiancia ontológica. Pero el encuentro entre la lógica policial y la lógica política nunca es perfecto: entre "política" y "policía" tampoco hay relación sexual. Ese Uno de la comunidad toda, ese espacio de lo social indiviso, está necesariamente fracturado. Existe como sutura imaginaria, mítica; existe solo sabiendo que lo real se expresa y fragmenta, divide y agita.

Aun así, las obras que he revisado en esta última parte muestran que, en términos políticos, *solo hay Uno*. En el caso de Clastres, solo existe ese Uno que no deja de obturar la posibilidad de un dos y que administra la diferencia haciendo de algunos sujetos verdaderos seres malditos; en el caso de Rancière, si bien la lógica policial tiene como reverso a la lógica emancipatoria, es en el encuentro entre ambas donde nace la política siempre conflictiva, donde se evidencia la división que hace al Uno. Para ser más claros, solo hay Uno en tanto eso que es-no-siendo existe como elemento que busca figurarse en el Otro; Otro que, por su parte, expresa cómo deberían ser las cosas y designa cuáles son sus incorrecciones, pero que no es, no existe.

En consecuencia, una obra como *El desacuerdo* muestra la alteridad y la oquedad de lo político; esa misma oquedad que, con Schmitt, se ha podido ver a partir de la reversibilidad de las categorías jurídico-políticas y la imposibilidad de la decisión. Por ello cuando aquí afirmo que "solo hay Uno" es para indicar que el problema de la unidad y lo común sigue siendo el problema crucial de lo político.

Epílogo

Preocupado por pensar la autonomía de lo político en un trabajo anterior me ocupé de un momento del pensamiento contemporáneo en donde tal inquietud cobró cabal importancia[62]. Me concentré, más específicamente, en el período de entreguerras europeo observando ciertas reivindicaciones sustentadas en premisas positivistas y economicistas. Retomé apuntalamientos conceptuales sobre los modos liberales de gobierno procurando destacar el rol que la violencia desempeñó en la vida social. Así fue que me propuse recorrer la obra de Carl Schmitt y de Antonio Gramsci –es decir, la de un jurista católico que se afilió al partido nazi y la de un líder del Partido Comunista Italiano encarcelado por Benito Mussolini– avizorando interrogantes que remarcaban la pertinencia de preguntarse por lo político, por ese campo aparentemente autónomo y, al mismo tiempo, tensionado y condicionado por otros.

Establecí, entonces, un contrapunto entre Schmitt y Gramsci. Elegí ciertos tópicos que, de una manera u otra, permitían reconstruir sus pareceres tan disímiles, tan diversos, pero tan atentos también a determinadas marcas de época. Intenté, a su vez, hacerme de una interpretación que me permitiera efectuar una revisión de ciertos dilemas propios de una coyuntura distinta a

---

62. Hago referencia a *Lo político y la derrota. Un contrapunto entre Antonio Gramsci y Carl Schmitt* [2020].

la de estos autores atravesada por los imperativos de un mundo globalizado y por la cultura de consumo que se precia de olvidar los quiebres de sus recorridos. Uno de los límites evidentes de ese trabajo residía en que no permitía advertir el trasfondo último que marcaba las diferencias que imponía toda tarea hermenéutica. En lo sucesivo consideré ampliar mis horizontes de estudio e ir más allá de la empresa de comprender el accionar de ciertos discursos despolitizadores que habían operado en la primera mitad del siglo XX. Poco a poco comencé a versar sobre otras tematizaciones que alertaban sobre los fundamentos del campo social, sobre los peligros de los esencialismos y las clausuras identitarias. Es por ello que entre aquel primer libro que se circunscribió al problema de la autonomía de lo político y este que está por concluir sobre su ontología existe una marcada diferencia, pero también una continuidad: hoy, como ayer, se trata del problema de lo político, del problema de la unidad.

Toparme con la obra lacaniana fue crucial para avanzar en dicho camino. Significó, incluso, un desafío adicional. Lo primero que comprobé es que Lacan no podía ser traducido, ni bajo la lógica benjaminiana que parte de la pérdida de lo central del mensaje y muestra los ensayos fútiles por recomponerlo, ni bajo la lógica gramsciana que recupera lo sustancial en una forma siempre particular, distinta, novedosa, pero nunca infiel a la original. Lacan, quien había formulado su enseñanza para la clínica, debía ser puesto en movimiento en la propia reflexión, aunque de un modo diferente. Los tres registros de la experiencia me permitieron revisar ciertas disquisiciones contemporáneas que, de una forma u otra, metaforizan la falta, velan esa oquedad de la realidad –que es, indudablemente, un signo de nuestra época posfundacional– y proseguir con mis inquietudes sobre la naturaleza del campo de lo político. Al hacerlo fue evidente que dar cuenta del vacío de lo político deja a cualquier reflexión en una aporía que obliga a plantear si es factible que la teoría desafíe a las aporías de su propio contexto epocal.

Creo, de todos modos, que el ejercicio de pensar lo político con el psicoanálisis puede ampliarse abarcando no solo el estudio de otros discursos cuyo impacto comunicacional e inscripción en el sentido común son notorios, sino también repensando algunos de los problemas teóricos más evidentes y urgentes de las últimas décadas. En este sentido todavía hay mucho terreno por recorrer en lo que concierne al estudio de las identificaciones políticas, de los procesos de subjetivación, de la vinculación entre lo individual y lo colectivo, entre lo singular y lo común.

Bibliografía

ABADI, Florencia (2014): *Conocimiento y redención en la filosofía de Walter Benjamin*, Buenos Aires, Miño y Dávila editores.

ABENSOUR, Miguel (2008): "Presentación-Las lecciones de la servidumbre y su destino" en Étienne de la Boétie, *El discurso de la servidumbre voluntaria seguido de lecturas del texto de la Boétie por Pierre Leroux, Pierre Clastres y Claude Lefort. Prólogo de Miguel Abensour*, La Plata, Terramar.

ALEMÁN, Jorge (2010): *Lacan, la política en cuestión… Conversaciones, notas y textos*, Buenos Aires, Grama.

ALEMÁN, Jorge (2012): *Soledad: común. Políticas en Lacan*, Buenos Aires, Capital Intelectual.

AGAMBEN, Giorgio (2007): *La potencia del pensamiento*, Buenos Aires, Adriana Hidalgo editora.

AGAMBEN, Giorgio (2010): *Estado de excepción*, Buenos Aires, Adriana Hidalgo editora.

AGAMBEN, Giorgio (2014): *Lo que queda de Auschwitz. El archivo y el testimonio*, Valencia, Pre-textos.

AGAMBEN, Giorgio (2017): *Stasis. La guerra civil como paradigma político*, Buenos Aires, Adriana Hidalgo editora.

AGAMBEN, Giorgio (2018): *Homo Sacer. El poder soberano y la vida desnuda*, Buenos Aires, Adriana Hidalgo editora.

AHMED, Sara (2000): *Strange Encounters. Embodied Others in Post-Coloniality*, Nueva York, Routledge.

AHMED, Sara (2015): *La política cultural de las emociones*, México, Universidad Nacional Autónoma de México.

ÁLVARO, Daniel (2015): *El problema de la comunidad. Marx, Tönnies, Weber*, Buenos Aires, Prometeo.

ARENAS, Gerardo (2010): *En busca de lo singular. El primer proyecto de Lacan y el giro de los setenta*, Buenos Aires, Grama.

ARENDT, Hannah (1974): *Los orígenes del totalitarismo*, Madrid, Taurus.

ARENDT, Hannah (2006): *Sobre la violencia*, Madrid, Alianza.

ARENDT, Hannah (2009): *La condición humana*, Quilmes, Paidós.

ARISTÓTELES (1988): *Política*, Madrid, Gredos.

ARON, Raymond (1988): *Pensar la Guerra. Clausewitz*, Buenos Aires, Instituto de Publicaciones Navales.

BADIOU, Alain (2003): *El ser y el acontecimiento*, Buenos Aires, Ediciones Manantial.

BADIOU, Alain (2016): *En busca de lo real perdido*, Buenos Aires, Amorrortu.

BARROS, Sebastián (2018): "Polarización y pluralismo en la teoría de la hegemonía de Ernesto Laclau" en *Latinoamérica. Revista de Estudios Latinoamericanos, N. 67*.

BARROS, Sebastián (2020): "Lo político y los procesos de identificación" en *Clivajes. Revista de Ciencias Sociales.*

BATAILLE, Georges (1974): "La abyección y las formas miserables" en *Obras escogidas*, Barcelona, Barral.

BENJAMIN, Walter (2001a): "Sobre el concepto de historia" en *La dialéctica en suspenso*, Santiago de Chile, Arcis-LOM.

BENJAMIN, Walter (2001b): "Sobre el lenguaje en general y el lenguaje de los humanos" en *Para una crítica de la violencia y otros ensayos. Iluminaciones IV*, Madrid, Taurus.

BENJAMIN, Walter (2007-2008): "Para una crítica de la violencia" en *Archivos. Revista de Filosofía* ⅔.

BENJAMIN, Walter (2007a): "Destino y Carácter" en *Obras, libro II, Vol. I*, Madrid, Abada.

BENJAMIN, Walter (2007b): "El origen del *Trauerspiel* alemán" en *Obras. Libro I / vol. 1*, Madrid, Abada.

BENJAMIN, Walter (2012): "El capitalismo como religión" en *Angelus Novus*, Granada, Comares.

BISET, Emmanuel (2014): "Hacia una ontología política del Estado" en *Utopía y Praxis Latinoamericana.*

BLUMENBERG, Hans (1995): "Aproximación a una teoría de la inconceptualidad" en *Naufragio con espectador*, Madrid, La balsa de medusa.

BLUMENBERG, Hans (2008): *La legitimación de la edad moderna*, Valencia, Pre-textos.

BLUMENBERG, Hans (2018): *Paradigmas para una metaforología*, Madrid, Trotta.

BORISONIK, Hernán y BERESÑAK, Fernando (2012): "*Bíos* y *zoé*: una discusión en torno a las prácticas de dominación y a la política" en *Astrolabio. Revista internacional de filosofía, N. 13.*

BRAUNSTEIN, Néstor (2006): *El goce. Un concepto lacaniano*, Buenos Aires, Siglo XXI.

BRUTUS, Stephanus Junius (2008): *Vindiciae contra Tyrannos*, Madrid, Tecnos.

BUTLER, Judith (2001): *El grito de Antígona*, Barcelona, El Roure.

BUTLER, Judith (2007): *El género en disputa. El feminismo y la subversión de la identidad*, Barcelona, Paidós.

BUTLER, Judith (2010): *Marcos de guerra. Las vidas lloradas*, México, Paidós.

BUTLER, Judith (2012): *Cuerpos que importan. Sobre los límites materiales y discursivos del "sexo"*, Buenos Aires, Paidós.

Butler, Judith; Laclau, Ernesto y Žižek, Slavoj (2002): *Contingencia, hegemonía, universalidad: diálogos contemporáneos en la izquierda*, Buenos Aires, Fondo de Cultura Económica.

CANGUILHEM, Georges (1971): *Lo normal y lo patológico*, Buenos Aires, Siglo XXI.

CANTISANI, Alejandro (2015): "Derecho, justicia y violencia en la obra temprana de Walter Benjamin" en *Leviathan. Cuadernos de Investigación Política, N. 10.*

CARRASCO CONDE, Ana (2017): "El resto, la cosa y lo incondicionado: Schelling con Lacan" en *Logos. Anales del Seminario de Metafísica 50.*

CARRASCO CONDE, Ana (2019): "Lo macabro" en *Revista de Occidente, N. 462.*

CASTORIADIS, Cornelius (2013): *La institución imaginaria de la sociedad*, Buenos Aires, Tusquets.

CATANZARO, Gisela (2011): "De las políticas del lenguaje: discurso y narración, a partir de algunas reflexiones de Walter Benjamin" en *Avatares, N. 2.*

CLASTRES, Pierre (2009a): *Arqueología de la violencia: la guerra en las sociedades primitivas*, Buenos Aires, Fondo de Cultura Económica.

CLASTRES, Pierre (2009b): *La sociedad contra el Estado*, Buenos Aires, Terramar.

DE ÍPOLA, Emilio (2009): "La última utopía. Reflexiones sobre la teoría del populismo de Ernesto Laclau" en HILB, Claudia (comp.), *El político y el científico. Ensayos en homenaje a Juan Carlos Portantiero*, Buenos Aires, Siglo XXI.

DE LA BOÉTIE, Étienne (2011): *Discurso sobre la servidumbre voluntaria*, Buenos Aires, Las cuarenta.

DE MAISTRE, Joseph (2009): *Tratado sobre los sacrificios*, Madrid, Sexto Piso.

DE SAUSSURE, Ferdinand (2015): *Curso de lingüística general*, Buenos Aires, Losada.

DELEUZE, Gilles y GUATTARI, Félix (1985): *El Anti Edipo. Capitalismo y esquizofrenia*, Barcelona, Paidós.

DERRIDA, Jacques (1975): "La farmacia de Platón" en *La diseminación*, Madrid, Espiral.

DERRIDA, Jacques (1997): *Fuerza de ley. El Fundamento místico de la autoridad*, Madrid, Tecnos.

DOTTI, Jorge (2010): "*Filioque*. Una tenaz apología de la mediación teológica-política" en SCHMITT, Carl, *La tiranía de los valores*, Buenos Aires, Hydra.

DOTTI, Jorge (2014): "La representación teológico-política en Carl Schmitt" en *Avatares filosóficos*, N. 1.

ELEB, Danielle (2007): *Figuras del destino. Aristóteles, Freud y Lacan o el encuentro de lo real*, Buenos Aires, Ediciones Manantial.

ERIBON, Didier (2022): *Escritos sobre el psicoanálisis*, Buenos Aires, El cuenco de plata.

FARRÁN, Roque (2009): "La lógica del nudo borromeo: un paradigma del corte estructural notas para una filosofía psicoanalítica" en *Nómadas, V. 22, N. 2*.

FARRÁN, Roque (2018): *Nodaléctica. Un ejercicio de pensamiento materialista*, Buenos Aires, La Cebra.

FERNÁNDEZ PEYCHAUX, Diego (2013): "Thomas Hobbes: la resistencia política al Leviatán" en *Cuadernos electrónicos de filosofía del derecho*.

FERNÁNDEZ VEGA, José (2005): *Las guerras de la política. Clausewitz de Maquiavelo a Perón*, Buenos Aires, Edhasa.

FISHER, Mark (2021): *Lo raro y lo espeluznante*, Buenos Aires, Alpha decay.

FOUCAULT, Michel (1990): *Tecnologías del yo*, Barcelona, Paidós.

FOUCAULT, Michel (2017): *Discurso y verdad: Conferencias sobre el coraje de decirlo todo. Grenoble, 1982 / Berkeley, 1983*, Buenos Aires, Siglo Veintiuno Editores.

FREUD, Sigmund (1976): "Tótem y Tabú" en *Obras completas XIII*, Buenos Aires, Amorrortu.

FREUD, Sigmund (1992a): "El Malestar en la cultura" en *Obras completas XXI*, Buenos Aires, Amorrortu.

FREUD, Sigmund (1992b): "Lo ominoso" en *Obras completas XVII*, Buenos Aires, Amorrortu.

FREUD, Sigmund (2013): "Lo siniestro" en *Obras completas 18*, Buenos Aires, Siglo XXI.

GIRARD, René (1986): *El chivo expiatorio*, Barcelona, Anagrama.

GIRARD, René (2010): *Clausewitz en los extremos. Política, guerra y apocalipsis*, Buenos Aires, Katz Editores.

GIRARD, René (2016): *La violencia y lo sagrado*, Barcelona, Anagrama.

GRAMSCI, Antonio (1999): *Cuadernos de la cárcel*, México, Era.

HABERMAS, Jünger (2010): *Teoría de la acción comunicativa*, Madrid, Trotta.

HAMACHER, Werner (2013): "Aformativo, Huelga" en *Lingua Amissa*, Buenos Aires, Miño & Dávila editores.

HEGEL, Georg (2004): *Principios de la filosofía del derecho*, Buenos Aires, Sudamericana.

HINKELAMMERT, Franz (1991a): *La fe de Abraham y el Edipo Occidental*, San José de Costa Rica, DEI.

HINKELAMMERT, Franz (1991b): *Sacrificios Humanos y Sociedad Occidental*, San José de Costa Rica, DEI.

HOBBES, Thomas (2007): *Leviatán*, México, Fondo de Cultura Económica.

HUNTINGTON, Samuel (2001): *El choque de las civilizaciones y la reconfiguración del orden mundial*, Buenos Aires, Paidós.

INGERFLOM, Claudio (2017): *El revolucionario profesional. La construcción política del pueblo*, Rosario, Prohistoria.

JOUHANDEAU, Marcel (2006): *De la abyección*, Barcelona, El Cobre.

JÜNGER, Ernst (1993): *El trabajador. Dominio y figura*, Barcelona, Tusquets Editores.

JÜNGER, Ernst (2003): "La Movilización Total" en *Sobre el dolor seguido de La Movilización Total y Fuego y Movimiento*, Barcelona, Tusquets Editores.

KOJÈVE, Alexandre (2013): *Introducción a la lectura de Hegel*, Madrid, Trotta.

KRISTEVA, Julia (1972): *El sujeto en proceso*, Medellín, Ediciones Signos.

KRISTEVA, Julia (1974): *La Révolution du langage poétique. L'avant-garde à la fin du XIXe siècle: Lautréamont et Mallarmé*, París, Éditions du Seuil.

KRISTEVA, Julia (1981): "El Sujeto en Cuestión: el Lenguaje Poético" en LÉVI-STRAUSS, Claude et al. *La identidad*, Barcelona, Petrel.

KRISTEVA, Julia (1988): *Poderes de la perversión*, México, Catálogos editora.

KRISTEVA, Julia (1996): "Freud: heimlich/unheimlich, la inquietante extrañeza" en *Debate Feminista*, 13.

KRISTEVA, Julia (1999): *El porvenir de la revuelta*, Buenos Aires, Fondo de Cultura Económica.

LACAN, Jacques (1974-1975): *Seminario 22, RSI*, inédito.

LACAN, Jacques (1990): *Seminario 7. La ética del psicoanálisis*, Buenos Aires, Paidós.

LACAN, Jacques (1991): *Seminario 20. Aún*, Buenos Aires, Paidós.

LACAN, Jacques (1997): *Seminario 11. Los cuatro conceptos fundamentales del psicoanálisis*, Buenos Aires, Paidós.

LACAN, Jacques (1999): "El estadio del espejo como formador de la función del yo [*je*] tal como se nos revela en la experiencia psicoanalítica" en *Escritos 1*, México, Siglo XXI.

LACAN, Jacques (2007): *Seminario 10. La angustia*, Buenos Aires, Paidós.

LACAN, Jacques (2008a): "Función y campo de la palabra y del lenguaje en psicoanálisis" en *Escritos 1-Segunda Parte*, Buenos Aires, Siglo XXI.

LACAN, Jacques (2008b): "La instancia de la letra en el inconsciente o la razón desde Freud" en *Escritos 1-Segunda Parte*, Buenos Aires, Siglo XXI.

LACAN, Jacques (2008c): "Subversión del sujeto y dialéctica del deseo en el inconsciente freudiano" en *Escritos 2*, Buenos Aires, Siglo XXI.

LACAN, Jacques (2009): *Seminario 18. De un discurso que no fuera del semblante*, Buenos Aires, Paidós.

LACAN, Jacques (2012): *Seminario 17. El reverso del psicoanálisis*, Buenos Aires, Paidós.

LACAN, Jacques (2015a): *Seminario 6. El deseo y su interpretación*, Buenos Aires, Paidós.

LACAN, Jacques (2015b): *Seminario 23. El sinthome*, Buenos Aires, Paidós.

LACLAU, Ernesto (2008): "Atisbando el futuro" en CRITCHLEY, Simon y MARCHART, Oliver (comps.), *Laclau. Aproximaciones críticas a su obra*, Buenos Aires, Fondo de Cultura Económica.

LACLAU, Ernesto (2011): "¿Vida nuda o indeterminación social?" en *Debates y combates. Por un nuevo horizonte de la política*, Buenos Aires, Fondo de Cultura Económica.

LACLAU, Ernesto (2015): *La razón populista*, Buenos Aires, Fondo de Cultura Económica.

LACLAU, Ernesto y MOUFFE, Chantal (2004): *Hegemonía y estrategia socialista*, Buenos Aires, Fondo de Cultura Económica.

LALEFF ILIEFF, Ricardo (2011): "Carl Schmitt: límites y potencialidades del partisano" en *Cuadernos de Marte. Revista latinoamericana de Sociología de la Guerra, Año I, N. 2.*

LALEFF ILIEFF, Ricardo (2014): "El avance de la despolitización. Notas sobre la guerra contemporánea a partir del pensamiento de Thomas Hobbes y Carl Schmitt" en *Revista Enfoques, V. XII, N. 20.*

LALEFF ILIEFF, Ricardo (2015a): "El eco de la comunidad. Comentarios a partir de *Teoría de la constitución* de Carl Schmitt" en NOSETTO, Luciano (comp.), *Lecturas de Carl Schmitt. Forma y contenido de la teología política, Documento de trabajo N. 71*, Instituto de Investigaciones Gino Germani, Facultad de Ciencias Sociales, Universidad de Buenos Aires.

LALEFF ILIEFF, Ricardo (2015b): "Schmitt y la comunidad. Lo velado, lo visible, lo oculto" en ROSSI, Miguel (comp.), *El lazo social desde la filosofía política*, Buenos Aires, Grama.

LALEFF ILIEFF, Ricardo (2015c): "Schmitt y la paradoja del Estado total" en *Discusiones filosóficas, Año 16, N. 26.*

LALEFF ILIEFF, Ricardo (2016): "Politización y despolitización en el pensamiento de Carl Schmitt" en *Ágora filosófica, V. 1, N. 2.*

LALEFF ILIEFF, Ricardo (2017a): "La deuda y el deber. Carl Schmitt y el individuo" en *Pléyade. Revista de humanidades y ciencias sociales, N. 20.*

LALEFF ILIEFF, Ricardo (2017b): "Ni Karl Marx ni Max Weber. Carl Schmitt y la tiranía de los valores" en *Bajo Palabra. Revista de filosofía, N. 17.*

LALEFF ILIEFF, Ricardo (2018): "El 'vitalismo' de Carl Schmitt: entre Hermann Heller y Oswald Spengler" en *Miríada: Investigación en Ciencias Sociales, Año 10, N. 14.*

LALEFF ILIEFF, Ricardo (2019): "La expropiación técnica y el carisma contrarrevolucionario. Un comentario a *La política como vacación de Max Weber*" en *POSTDATA 24, N. 1.*

LALEFF ILIEFF, Ricardo (2020a): "La reserva liberal en la teoría de la hegemonía de Ernesto Laclau" en ROSSI, Miguel y MANCINELLI, Elena (comps.), *La política y lo político en el entrecruzamiento del posfundacionalismo y el psicoanálisis*, CLACSO-IIGG.

LALEFF ILIEFF, Ricardo (2020b): *Lo político y la derrota. Un contrapunto entre Antonio Gramsci y Carl Schmitt*, Madrid, Guillermo Escolar.

LEFORT, Claude (2004): "¿Permanencia de lo teológico-político?" en *La incertidumbre democrática. Ensayos sobre lo político*, Barcelona, Anthropos.

LEFORT, Claude (2008): "El nombre de Uno" en Étienne de la Boétie, *El discurso de la servidumbre voluntaria seguido de lecturas del texto de la Boétie por Pierre Leroux, Pierre Clastres y Claude Lefort. Prólogo de Miguel Abensour*, La Plata, Terramar.

LEFORT, Claude (2011): "Democracia y representación" en *Democracia y representación*, Buenos Aires, Prometeo.

LIDDELL HART, Basil (1960): *Estrategia, la Aproximación Indirecta*, Buenos Aires, Circulo Militar.

LOSURDO, Domenico (2003): *La comunidad, la muerte, Occidente. Heidegger y la "ideología de la guerra"*, Buenos Aires, Losada.

LUDUEÑA ROMANDINI, Fabián (2010): *La comunidad de los espectros. I. Antropotecnia*, Buenos Aires, Miño y Dávila editores.

LUDUEÑA ROMANDINI, Fabián (2011): "Capitalismo y secularización" en *Filosofia Unisinos, N. 12(2)*.

LUDUEÑA ROMANDINI, Fabián (2022): *Ontología analéptica. Vampirismo y licantropía*, Buenos Aires, Miño y Dávila editores.

MANCINELLI, Elena (2022): *El bien en cuestión. Figuras del goce en Platón y Aristóteles*, Buenos Aires, Miño y Dávila editores.

MARCHART, Oliver (2009): *El pensamiento político posfundacional. La diferencia política en Nancy, Lefort, Badiou y Laclau*, México, Fondo de Cultura Económica.

MARCHART, Oliver (2019): "Sobre la primacía de la política: el 'giro ontológico' como forma del actuar político" en *Pensamiento al margen. Revista digital, N. 10*.

MATTEI, Eugenia (2019): "El conflicto y la institución: Claude Lefort, lector de Nicolás Maquiavelo" en *Ingenium. Revista Electrónica de Pensamiento Moderno y Metodología en Historia de las Ideas, V. 13*.

MELO, Julián y ABOY CARLÉS, Gerardo (2014-2015): "La democracia radical y su tesoro perdido. Un itinerario intelectual de Ernesto Laclau" en *POSTData 19, N. 2*.

MILLER, Jacques-Alain (2010): *Extimidad*, Buenos Aires, Paidós.

MILLER, Jacques-Alain (2013): *El ultimísimo Lacan*, Buenos Aires, Paidós.

MILLER, Jacques-Alain (2014): "Presentación del tema del IX° Congreso de la AMP" en *IX Congreso de la AMP*, París.

MILLER, Jacques-Alain (2015): *Seminarios en Caracas y Bogotá*, Buenos Aires, Paidós.

MILNER, Jean-Claude (1996): *La obra clara. Lacan, la ciencia, la filosofía*, Buenos Aires, Ediciones Manantial.

MILNER, Jean-Claude (1999): *Los nombres indistintos*, Buenos Aires, Ediciones Manantial.

MILNER, Jean-Claude (2003): *El periplo estructural. Figuras y paradigmas*, Buenos Aires, Amorrortu.

MOI, Toril (1991): *The Kristeva Reader*, Oxford, Basil Blackwell.

MOREIRAS, Alberto (2010): "Spanish Guerrillas Against Napoleon: Political Intensity and the World Spirit" en *Journal of Spanish Cultural Studies*, 11:3-4.

NAISHTAT, Francisco (2016): "Walter Benjamin y sus usos profanos de la teología" en *Revista Pilquen, V. 19, N. 2*.

NOSETTO, Luciano (2013): "La afirmación de lo político. Carl Schmitt, Leo Strauss y la cuestión del fundamento" en *Papeles de Trabajo, Año 7, N. 12*.

PALTI, Elías (2003): "El 'retorno del sujeto'. Subjetividad, historia y contingencia en el pensamiento moderno" en *Prismas. Revista de historia intelectual, N. 7*.

PALTI, Elías (2005): *Verdades y saberes del marxismo. Reacciones de una tradición política ante su "crisis"*, Buenos Aires, Fondo de Cultura Económica.

PALTI, Elías (2018): *Arqueología de lo político. Regímenes de poder desde el siglo XVII*, Buenos Aires, Fondo de Cultura Económica.

PAVÓN-CUÉLLAR, David (2014): *Elementos políticos de marxismo lacaniano*, México, Paradiso.

PINTO, Lucía (2019): "La política como una cuestión de fe. Max Weber y Walter Benjamin ante el capitalismo y el derecho moderno", *Tesis de Maestría en Ciencia Política*, Universidad Nacional de San Martín.

PLATÓN (2007): "República" en *Diálogos IV*, Barcelona, Gredos.

RABINOVICH, Diana (1986): *Sexualidad y significante*, Buenos Aires, Ediciones Manantial.

RABINOVICH, Diana (2013): *La angustia y el deseo del Otro*, Buenos Aires, Ediciones Manantial.

RABINOVICH, Diana (2014): *Lectura de "La significación del falo"*, Buenos Aires, Ediciones Manantial.

RAFFIN, Marcelo (2018): "La imbricación vida-poder en el pensamiento de Michel Foucault y Giorgio Agamben" en *Cuestiones de Filosofía, 4 (22)*.

RANCIÈRE, Jacques (1993): *Los nombres de la historia. Una poética del saber*, Buenos Aires, Nueva Visión.

RANCIÈRE, Jacques (1996): *El desacuerdo. Política y filosofía*, Buenos Aires, Nueva Visión.

RANCIÈRE, Jacques (2010): *El maestro ignorante. Cinco lecciones sobre la emancipación intelectual*, Barcelona, Edhasa.

RINESI, Eduardo (2019): *Restos y desechos. El estatuto de lo residual en la política*, Buenos Aires, Caterva.

ROSSI, Miguel Ángel (2018): *Lecciones sobre la Política de Aristóteles: libros I, III y VI*, Buenos Aires, Miño y Dávila editores.

ROUDINESCO, Elisabeth (1994): *Lacan. Esbozo de una vida, historia de un sistema de pensamiento*, Buenos Aires, Fondo de Cultura Económica.

ROZITCHNER, León (2011): *Materialismo ensoñado*, Buenos Aires, Tinta Limón.

SCHMITT, Carl (1969): "Clausewitz como pensador político o el honor de Prusia" en *Revista de estudios políticos, N. 163*.

SCHMITT, Carl (1983): *La defensa de la constitución*, Madrid, Tecnos.

SCHMITT, Carl (1984a): *El concepto de lo político*, Buenos Aires, Folios.

SCHMITT, Carl (1984b): "Teoría del partisano. Notas complementarias a *El concepto de lo político*" en *El concepto de lo político*, Buenos Aires, Folios.

SCHMITT, Carl (2001): "Enemigo total, guerra total, Estado total" en ORESTES AGUILAR, Héctor (comp.), *Carl Schmitt, Teólogo de la política*, México, FCE.

SCHMITT, Carl (2003): *El Nomos de la Tierra en el Derecho de Gentes del "Ius publicum europaeum"*, Granada, Comares.

SCHMITT, Carl (2005): *Romanticismo Político*, Buenos Aires, Universidad Nacional de Quilmes.

SCHMITT, Carl (2008): *Los fundamentos histórico-espirituales del parlamentarismo en su situación actual*, Madrid, Tecnos.

SCHMITT, Carl (2007): *Tierra y mar. Una reflexión sobre la historia universal*, Madrid, Trotta.

SCHMITT, Carl (2009): *Teología política*, Madrid, Trotta.

SCHMITT, Carl (2010a): *Ex captivitate salus. Experiencias de la época 1945-1947*, Madrid, Trotta.

SCHMITT, Carl (2010b): *La tiranía de los valores*, Buenos Aires, Hydra.

SCHMITT, Carl (2012): *El valor del Estado y el significado del individuo*, Madrid, Centro de Estudios Constitucionales.

SOLER, Colette (2002): *La maldición sobre el sexo*, Buenos Aires, Ediciones Manantial.

SOPRANO, Germán; BOIXADÓS, Roxana y SMIETNIANSKY, Silvina (2018): *Una introducción a la antropología. Teorías, conceptos y autores*, Buenos Aires, Universidad Nacional de Quilmes.

SOREL, Georges (2005): *Reflexiones sobre la violencia*, Madrid, Alianza.

SPEZIALE, Tomás y MUNIAGURRIA, Mandela (2021): "Judith Butler y lo real, o la historia de un malentendido" en *Affectio Societatis*, 18 (35).

STAVRAKAKIS, Yannis (2010): *La izquierda lacaniana. Psicoanálisis, teoría, política*, Buenos Aires, Fondo de Cultura Económica.

STRAUSS, Leo (2010): "Comentario sobre El concepto de lo político, de Carl Schmitt" en MEIER, Heinrich, *Carl Schmitt, Leo Strauss y El concepto de lo político: sobre un diálogo entre ausentes*, Buenos Aires, Katz.

TAUB, Emmanuel (2013): "Del paradigma de la excepción a la teología política. Los fundamentos schmittianos en Giorgio Agamben" en *STUDIA POLITICAE, N. 28.*

TRÍAS, Eugenio (2006): *Lo bello y lo siniestro*, Madrid, DeBolsillo.

TSE-TUNG, Mao (1974): *Acerca de la práctica. Sobre la contradicción. Sobre el tratamiento correcto de las contradicciones en el seno del pueblo. ¿De dónde provienen las ideas correctas? Sobre la propaganda*, Buenos Aires, La Rosa Blindada.

TONKONOFF, Sergio (2019): *La oscuridad y los espejos. Ensayos sobre la cuestión criminal*, Buenos Aires, Pluriverso Ediciones.

TÖNNIES, Ferdinand (1947): *Comunidad y sociedad*, Buenos Aires, Losada.

VILLEGAS, Armando; TALAVERA, Natalia y MONROY, Roberto (coords.) (2017): *Figuras del discurso: exclusión, filosofía y política*, México, Bonilla Artigas Editores-Universidad Autónoma del Estado de Morelos.

VON CLAUSEWITZ, Karl (1968): *De la guerra*, Buenos Aires, Círculo militar.

VON LUDENDORFF, Erich (1964): *La guerra total*, Buenos Aires, Pleamar.

WEBER, Max (1972): "La política como vocación" en *El político y el científico*, Madrid, Alianza.

ZAFIROPOULOS, Markos (2002): *Lacan y las ciencias sociales. La declinación del padre (1938-19853)*, Buenos Aires, Nueva Visión.

ZAFIROPOULOS, Markos (2015): *Lacan o Lévi-Strauss o el retorno a Freud (1951-1957)*, Buenos Aires, Ediciones Manantial.

ŽIŽEK, Slavoj (2001): *El espinoso sujeto. El centro ausente de la ontología política*, Buenos Aires, Paidós.

ŽIŽEK, Slavoj (2009): *Sobre la violencia. Seis reflexiones marginales*, Buenos Aires, Paidós.